たった一言で

部下が自分から動く

すごい伝え方

Inaba Mayumi
稲場真由美

WAVE出版

はじめに

「それは指示されなかったのでやっていません」
「この作業をやる意味は何ですか?」
「もっと大きい仕事をしたいです」

この子、いったい何を考えているんだろう――。

部下を持っていると、その言動に驚かされた経験が、1つや2つあるのではないでしょうか? 指示を出したのに進んでいない、細かいことまでいちいち聞いてくる、いつもやる気がない……。

かといって、そのまま放っておくわけにもいきません。パワハラと言われない程度に注意したり、何度同じことを聞かれても答えてあげたり、代わりに業務を請け負って残業している人もいるでしょう。

「私はこのくらいできていたのに」「これだから今の若い子は」と世代のずれに戸惑う

人も多いと思います。

ただ、この「わかり合えない」という感覚は、世代のずれだけではありません。

実は、お互いの「伝え方」や「受け止め方」のずれから起きている、コミュニケーション・ギャップが原因になっているのです。


私たちは、自分が言われて嬉しい言葉で相手をほめます。

例えば「すごいね！」と言われて嬉しい人は、部下にも同じように「すごいね！」と声をかけるでしょう。

しかし、部下によってはそのほめ方では響かない場合があります。「上司はうわべだけほめている」「結果しか見ていない」などと感じて、失望してしまう部下もいるのです。

あるいは、仕事の指示を出すとき、一つひとつ丁寧に指示をもらいたいタイプの部下と、ざっくりとしたゴールと方向性だけあればいいタイプの部下がいます。

前者の部下に大まかな指示の出し方をすると、部下は困って動けません。反対に、後者の部下に細かすぎる指示の出し方をすると、やる気を損ねてしまいます。

このように自分が良いと思うコミュニケーションと相手が望むコミュニケーションは、往々にして違います。

そして、このコミュニケーション・ギャップを生んでいるのが「性格タイプの違い」です。人はそのタイプごとに、もらって嬉しい言葉や、気分を害するタブーな言葉があります。

部下に響く言葉を選んで投げかければ相手のやる気を引き出すことができ、自分のことも理解してもらいやすくなります。逆に、相手の地雷になるNGワードを投げれば相手はストレスが溜まり、やる気をなくしてしまいます。

このタイプの違いを明確にし、コミュニケーション・ギャップを埋める方法を提示するのが、本書で紹介する「性格統計学」です。

これは私が16年間でのべ12万人のデータを集計、分析して体系化した新しいコミュニケーション方法です。

性格統計学では人を2つの軸で4つのタイプに分けています。自分のタイプだけでなく、相手のタイプもわかるので「相手に伝わらない理由」と「相手に合った伝え方」がわかります。

それを使って、部下一人ひとりに合わせたベストな伝え方をしていくことで、部下とのコミュニケーション・ギャップを埋めていこうというのが、本書の狙いです。

コミュニケーション・ギャップが埋まれば、伝わらなかった指示もすぐに理解され、響くほめ言葉でモチベーションを上げることも可能になります。

性格統計学は〝すべての人〟に当てはまるので、相手の国籍や性別、年齢を問いません。多様性が求められる現代社会において、万能のコミュニケーション術といえるでしょう。

さらに最近は多くの企業でテレワークが導入され、コミュニケーションの形が大きく変わりました。メールの指示がうまく伝わらなかったり、部下がちゃんと仕事をしているのか不安になったり、上司の心配事は今まで以上に増えています。

部下は部下で、上司に相談したくてもコンタクトを取りにくく、一人で問題を抱えてしまいがちです。中にはそのまま気持ちが滅入ってしまう人もいるでしょう。

テレワークが急拡大し、これまで以上に職場のコミュニケーションが重要になっている今、リモート環境での「相手に合った伝え方」は、上司にとって必須のスキルです。

本書で解説するコミュニケーション方法は、画面越しの対話やテキストのみのやり取りなど、リモートでのコミュニケーションにも応用できます。

「伝え方」を変えるだけで、なかなか動かなかった部下が驚くほど変わります。

やる気がなさそうだった部下が自発的に動くようになったり、急な残業でも受け入れてくれたり、指示待ちせずに自分から動いてくれたり、仕事の質も上がっていきます。

人間関係がうまくいかないと、「あの人とは話が通じない」「あの人とは性格が合わない」とあきらめがちですが、本書で紹介する方法ではそれがなくなります。つまり、苦手な人がいなくなるのです。

また、相手の言葉や態度の理由がわかるので、イラッとすることも減り、心に余裕が生まれます。上司のあなたが穏やかであれば、職場の空気が良くなり、何でも話しやすい組織になるでしょう。それがひいては全体の生産性向上や離職率の低下をもたらします。

このコミュニケーション方法は、上司と部下の一対一の関係にとどまらず、チーム全体、そして組織全体を変えることも可能です。

後ほど詳しく紹介しますが、スポーツの世界でも、結果を残すチームと4つのタイプのバランスは深く関係していることがわかっています。

東京2020オリンピック競技大会で獲得した数々のメダルも、性格統計学で分析するとチームの強さの理由がわかります。

本書で紹介するコミュニケーション方法には、費用も時間も道具も必要ありません。「伝え方」一つで改善できるからこそ、部下との関わり方に悩み、苦労している人たちに、新たな希望として知ってほしいのです。

このメソッドが世の中の上司・部下の関係を円滑にする一助となれたら、これ以上の喜びはありません。

もくじ

Chapter 1

「伝え方」を変えるだけで部下が動く

Chapter 2

仕事・指示を理解してくれないときの伝え方

Chapter 3

自分から動いてくれないときの伝え方

Chapter 4

モチベーションが下がっているときの伝え方

Chapter 5

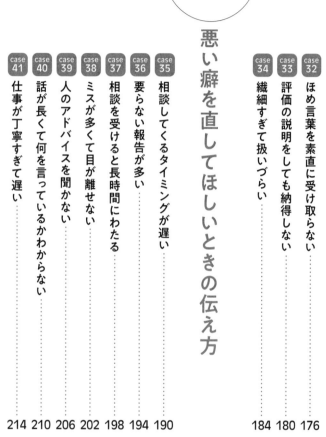

悪い癖を直してほしいときの伝え方

Chapter 6

相互理解で「心理的安全性」をつくる

イラスト	大白小蟹
カバーデザイン	西垂水敦、松山千尋(krran)
本文デザイン・DTP	松崎理、早樋明日実(yd)
編集協力	松本理恵子
校正	株式会社ぷれす
編集	枝久保英里(WAVE出版)

Chapter 1

「伝え方」を変えるだけで部下が動く

自分と部下の性格がわかるタイプ診断

本書では、人間の性格を４つのタイプに分類して、それぞれに合った「伝え方」を紹介します。そこで、まずあなたと部下のタイプを診断します。

次の２つの質問項目に当てはまるものをチェックしてください。

①あなたの「話し方」（部下の場合も同様）

打ち合わせをするときは……

A　**話しながら、決める（「あのー」「えーっと」が多い）。**
大体方向性を決めて、考えながら話し、決めていく。

B　**決めてから、話す（「あのー」「えーっと」が少ない）。**
言いたいことを頭の中で組み立ててから、話し始める。

※状況に応じて答えが違うという方は「B」を選択してください。

②あなたの「聞き方」(部下の場合は「話し方」)

話を聞くときはどちらから聞きたいですか?(部下はどのように話しますか?)

A　どちらかといえば、理由・経緯から聞きたい(話す)。

B　どちらかといえば、結論から聞きたい(話す)。

※どちらか一方を選べないという方は「B」を選択してください。

診断結果

①A②A……ピース・フレキシブル

①A②B……ビジョン

①B②A……ピース・プランニング

①B②B……ロジカル

同じようにして、部下のタイプも診断してください。部下自身にチェックさせてもいいのですが、あなたの目から見て、当てはまるほうを選んでいく方法でもおおよそ正しく診断できます。

人の性格は4タイプに分けられる

4つのタイプは、次ページの図のように縦と横の2つの軸で決まります。

まず、**横軸は行動パターンを表し、右が「計画重視」、左が「臨機応変」とします。**

これは「目標を決めてから計画的に進めたいタイプ」か「方向性だけ決めて状況に合わせて臨機応変に進めたいタイプ」かを示しています。

つまり、図の右側（ロジカルとピース・プランニング）は計画重視タイプ、左側（ビジョンとピース・フレキシブル）は臨機応変タイプです。

次に、**縦軸は優先度を表し、上が「相手優先」、下が「自分優先」です。**これは「相手のペースや希望を優先する」か「自分のペースや希望を優先する」かの違いです。

ピースは2タイプありますが、どちらも相手軸である点は同じです。相手に合わせることが苦ではなく、どちらかというと相手の希望を優先します。

4タイプの性格

相手優先
自分優先
臨機応変
計画重視
ピース・フレキシブル
相手を優先しつつ、臨機応変に物事を進めたいタイプ
ピース・プランニング
相手を優先しつつ、目標や計画を立てて進めたいタイプ
ビジョン
自分を優先し、臨機応変に物事を進めたいタイプ
ロジカル
自分を優先し、目標や計画を立てて進めたいタイプ

それに対して、自分軸のロジカルやビジョンは、どちらかというと自分の希望やペースを優先します。

このようにタイプが異なると、物事の捉え方が１８０度変わります。仕事の進め方、ストレスになること、モチベーションになることなどが大きく異なるのです。

つまり、**自分が進めやすい方法、言われて嬉しい言葉は、相手にとっては真逆の意味にもなり得る**ということ。性格タイプの違いはそれほど大きなことなのです。

例えば仕事を受けるとき。ピースは、物事の意味や理由・経緯を気にします。なぜこの仕事をするのか、なぜ自分がするのかなど、仕事を受けるときもその理由を求めます。

一方、ロジカルとビジョンはそこまで理由は求めません。ロジカルは全体像とゴールと期限、ビジョンは大体の方向性と、とりあえず今やることを知りたがります。

また、仕事の進め方でいうと、計画性や手順を大事にするロジカルやピース・プランニングは、その計画やペースを崩されることにストレスを感じます。急な予定変更や退社間際の「ごめん、残業して！」は基本的にタブー事項です。

それに対して、ビジョンやピース・フレキシブルは臨機応変なので、予定変更や急な残業でも比較的抵抗なく受け入れてくれて、対応してくれます。

では、ロジカルやピース・プランニングは仕事のやりにくい相手かというと、そんなことはありません。指示さえ的確にすれば、計画に沿ってコツコツと仕事ができるのが彼らの最大の強みです。

どのタイプもそれぞれの進め方があるだけで、そこを理解して適切に言葉をかけてあげれば、前向きに取り組んでくれるでしょう。

一方で「性格」というと決めつけのように聞こえるかもしれません。もちろん人それぞれ育った環境が違いますから、「このタイプは絶対にこう」ということはありません。**「性格統計学」はあくまで、多様化した時代でお互い歩み寄るために、「違い」をわかりやすくしたものです。**すべての人に対して、タイプごとに言葉を変えなければいけないわけではありません。問題がなければいつもどおり接していいでしょう。

ただ「この人とうまくいかないな」と思ったときは、ぜひ一度意識してみてほしいのです。「絶対に合わない」と思っていた人も、かける言葉を変えればすんなり受け入れられるかもしれません。

同じ言葉で「動く」部下と「動かない」部下

典型的な上司と部下のコミュニケーションのずれを一つお話しします。

臨機応変タイプのビジョンの上司にAさんとBさんという部下がいたとします。チームの売上を達成するために2人に指示を出すとき、ビジョンの上司は「今月は各自で売上300万円！」という目標設定だけして、後は部下に任せます。

これは、自分があしろ、こうしろと細かい指示をされるのが苦手で自己流でやりたい性分なので、部下もそうだろうと思っているからです。

そうすると、2人の部下から違う反応が返ってきます。

Aさんはスタートが遅く、何も手についていない様子。声をかけてみると「具体的にどう売っていけばいいのか」「アポイントは何件取ればいいのか」と質問攻めです。

一方のBさんはすぐに動き出し、一人でどんどん進めています。

こうなると、ほとんどの人は「Aさんが未熟だから一人で進められないのだ」と、本人の能力のせいにしがちですが、これも性格タイプの違いによるものです。

Aさんはその言動から、計画重視タイプのロジカルかピース・プランニングと考えられます。

計画重視タイプの人からすると、上司が出した目標設定はとてもアバウトで難しく感じられます。そもそも300万円の売上を出すために、商品を何個売らなければならないのか、そのためにはアポイントを何件取りつけないといけないのか、アポイントから商談成立にもっていける確率は何割くらいと上司は読んでいるのか……。それを示してもらわないと、逆算して計画が立てられません。当然のことながら、部下は上司にあれこれ質問することになるでしょう。

Bさんはおそらく上司と同じ臨機応変タイプで、ビジョンかピース・フレキシブルでしょう。臨機応変タイプは、とりあえず目標を受け入れてから「今度イベントがあるから、そのときに契約を稼げそう。それで目標に届かなければ他のアポイントを頑張ろう。とりあえず得意先をイベントに案内すればいいかな」など、ざっくりとした見立てをし、とりあえず行動してみます。その場でできる手を打っておいて、後は状況に合わせて対応していくというやり方なので、そばで見ていると理解や行動が速く思えます。

これは、あくまで部下のタイプの違いであって、本人の仕事のできる・できないとはまったく別の問題なのです。Ａさんも的確な指示があれば、きちんと成果を出すことができるでしょう。

このように、**部下のタイプがわかると行動の理由や背景がわかります。**すると、部下の〝本当の姿〟が見えてくるのです。

今まで仕事ができない部下だと思っていたけれど、自分の言葉足らずで指示がうまく通っていなかった、自発的に動けない部下だと思っていたが、実は自分の仕事の振り方が適切ではなかったために部下は動こうにも動けなかった、といったことがわかってきます。

ですから、上司の皆さんには部下の表面だけを見ないで、タイプ別の特徴を理解したうえで「伝え方」を工夫してほしいのです。それが結局は部下のやる気を引き出して、仕事の効率やチームの売上、そして部下の成長につながります。

部下がやる気を出す「響く」ほめ方

タイプが異なると、言葉の受けとめ方も変わります。その違いがわかりやすいのは、ほめる場面です。

例えば仕事で頼んだ資料をほめる場合、あなたはどの言葉でほめますか？

A「すごくいいよ！ センスあるね！」
B「短時間でここのポイントまで押さえて対処していて、さすがだよ」
C「ありがとう。助かったよ」

おそらくあなたは「自分自身がほめられて嬉しい言葉」を選んだでしょう。しかし、**「自分が言われて嬉しいのだから、相手も嬉しいに決まっている」と思ってかけたその言葉は、相手にとってそうとは限らず、不快に感じることさえあるのです。**

Aはビジョンが言われて嬉しい言葉。Bはロジカル、Cはピースにそれぞれ響くほめ言葉です。

ビジョンの人からすれば、BやCはあまり心に響きませんが、それがまさにタイプの違いです。

さらに詳しくいうと、人の役に立ちたいと思っているピースには、Cのように「ありがとう」「君のおかげで仕事がやりやすいよ」など、**感謝やチーム内での貢献度に言及する**とやる気を引き出せます。対するAはオーバーに感じて引き気味になります。Bは評価の言葉だけで役に立てたのかどうかが伝わりません。このようにピースの人は「ありがとう」の言葉がないと心に響かないのです。

ロジカルには「今月は前月より20%上がったね」というように、**具体的な成果や事実にもとづいてほめる**ことが大切。ちゃんと見てほめてくれていることが嬉しいのです。対するAの「すごいよ！」は、「見てなくても言えるいい加減なほめ言葉」に感じ、「ありがとう」はお礼の言葉で嬉しいけれどほめ言葉には感じません。

ビジョンにはやや大げさに感情を込めて「すごいね！」「これは君にしかできないよ！」

と**こちらの期待を、抑揚をつけて伝える**と自己肯定感が高まり、俄然やる気が出てきます。それに対してBの具体的なほめ方は「細かすぎてチェックされているようで怖い」と不快に感じ、Cの「ありがとう」は今一つ物足りないと感じます。

いかがでしょうか。ほめ言葉一つとっても、性格タイプによってこんなに受けとめ方が違うことに驚くかもしれませんね。

人は誰でも頑張ったときほど、自分の心に響く「言葉のごほうび」が必要です。それがもらえないままだとモチベーションは下がり、仕事に身が入らなくなってしまいます。最悪の場合は、「認めてもらえていない」「自分は役に立っていない」と会社を辞める決断に向かっていきます。

ほめるのが苦手だと感じている人も多いのですが、意識的に部下をほめる習慣をつけましょう。**上司がほめてくれるかどうかで、部下のモチベーションは大きく変わります。**「ほめられない」ことが原因でモチベーションが下がり、大事な戦力が退職してしまうケースも非常に多いのです。

12万人のデータから割り出した「性格統計学」

4つの性格タイプを編み出している「性格統計学」。このメソッドが生まれたのは、私自身の失敗経験がきっかけです。

私もかつて、部下との関係がうまくいかずに悩んでいました。

今から20年ほど前、私はある女性向けインナー販売の代理店に勤めていました。当時バブル崩壊後にもかかわらず売上は上々で、私は販売を始めて半年で営業成績が全国トップになり、4年目には12の代理店をまとめる支店長になったのです。

ところが、支店長になった途端、代理店のスタッフとの関係がギクシャクし始めました。期待するように動いてくれない、こちらがほめても全然反応がない、仕事へのやる気が見えない……。そんな中でも**「部下たちはついてきてくれているはず」**と思いながら全速力で走っていたある日、ふと振り向くと誰もついてきていないことに気づいたのです。今なら笑い話にもできますが、これがどん底の始まりでした。

その1年後に同業他社に部下をごっそり引き抜かれ、主力の営業は壊滅状態。1億円あった年商は1000万円に激減。売上は減っても支出は変わらず、経営は赤字が累積し始め、さらにお客様へのフォローの手が回らずクレームも増えていくばかり。先がまったく見えないどん底状態で、途方に暮れていました。

私は景気や顧客ニーズの変化など外的要因を疑いましたが、最終的に行きついたのは**「自分のコミュニケーションに原因がある」**という答えでした。

このままではいけないと思った私は、部下から話を聞くことにしました。すると、「稲場さんって『ありがとう』って言わないですよね」「『頑張ったね』とか適当に言うけど、結局何も見てないじゃないですか」など、厳しい本音がたくさん出てきました。

私はビジョンなので、自分が言われて嬉しい「すごいね！」といったほめ言葉を「ありがとう」を含めたつもりで使っていたのですが、ピースやロジカルの部下にはまったく響いていなかったのです。

正直はっきりと言われて落ち込みましたが、本音で話してくれた部下に感謝して、それからの私は生まれ変わったように「言葉の選び方」に気をつけるようになりました。

ピースの部下には事あるごとに「ありがとう」と伝え、ロジカルの部下には「先月より30万売上が増えてる、さすがだね」と具体的に声をかけ、部下の性格タイプに合わせたほめ方や目標設定の仕方に変えたところ、一人ひとりがモチベーション高く動くようになりました。

この相手に合ったほめ方は、信頼関係の構築につながり、部下たちはこちらが指示しなくても状況を見極めて自発的に仕事をしてくれるようになりました。その結果、チームの人間関係は良くなり、売上はみるみる回復していったのです。

また、接客でも気づきがありました。例えば商品を勧めた際、「考えてみます」と返答されると、私は「要らない」（断られた）という意味で受け取り、何のフォローもせずにいました。

しかし、それはビジョン視点の解釈であり、ロジカルやピースの人が「考えてみます」と言った場合、本当に検討しているケースが多いことを知ったのです。

実際、「考えてみます」と言われたお客様に、1週間後「いかがでしたか？ ご検討いただけましたか？」と聞いたところ、「購入します」という返事をもらい、売上につながりました。私はお客様との性格タイプの違いで、これまで成約できるはずの多くの契約を逃していたのです。

これをチームで共有し、性格タイプ別の接客・プレゼン・クロージングに応用、実践したところ、売上が4年で28倍（2億8000万円）にV字回復することができました。

このように、**「同じ言葉でも相手によって受けとめ方や真意が違う」と気づけたことが、性格統計学を体系化していく最初の転機になったのです。**


その後、私は自分の家族や友達、部下、顧客などに片っ端からヒアリングし続けて、生のデータと事例を収集しました。すると、面白いほどきれいに、4つのタイプで物事の捉え方やコミュニケーションの傾向が分かれることが明らかになっていったのです。

こうして16年間かけてのべ12万人のデータと事例を集め、タイプごとに人間関係のストレスやトラブルにパターンがあることを発見。一つひとつ検証を積み上げていった結果、どんな相手にも当てはまる「タイプ別の伝え方」の理論を確立するに至りました。

そして、その理論を職場での人間関係に落とし込んだものが、本書で紹介する上司から部下への「伝え方」です。

なでしこジャパンから見るパワーバランス

実は**4タイプの間にはパワーバランスがあり、これを理解するとさらにコミュニケーションがスムーズになります。**パワーバランスは、ちょうど「じゃんけん」の関係にあります。ピースがグー、ロジカルがチョキ、ビジョンがパーです（35ページ参照）。

- **ピースからロジカルには話が通りやすく、ピースからビジョンには通りにくい**
- **ロジカルからビジョンには話が通りやすく、ロジカルからピースには通りにくい**
- **ビジョンからピースには話が通りやすく、ビジョンからロジカルには通りにくい**

例えば、ビジョンの人が2人の部下に同じ仕事を頼もうとしたとき、ロジカルよりもピースのほうが楽に伝えられ、ピースも比較的抵抗なく引き受けられます。

そのバランスがわかりやすいのがスポーツです。

私は組織研究の一環として、スポーツチームやアイドルグループ、内閣などのメンバー構成を性格統計学で分析しています。

性格統計学では、世界人口のタイプ比率を、**ロジカル40%、ピース・プランニング20%、ピース・フレキシブル13・3%、ビジョン26・7%**としています。そして、このタイプ比率を「黄金比率」として、チーム・組織でもこの比率に近いほどパフォーマンスが高まりやすいとしています。

私は2005年頃から、この「黄金比率」と「パワーバランス」という2つの視点で多くのプロスポーツチームを分析してきました。

その結果、チーム構成はいずれかのタイプに偏るよりも、全タイプがバランスよくいて、パワーバランスについては、監督・キャプテンが同じタイプか、監督の話がキャプテンに通りやすいほうが、結果を出しやすいことがわかってきました。

東京2020オリンピック競技大会でも、この傾向が現れていました。

その中で私が特に注目したのは、女子サッカーのなでしこジャパンです。今回は惜しくも準々決勝で敗れてしまいましたが、この代表チーム（監督・選手・コーチ27名）を、私が開発した「伝え方ラボ」というアプリでタイプ分けして分析すると、ロジカル44・5％、ピース・プランニング29・6％、ピース・フレキシブル11・1％、ビジョン14・8％になり、選手・コーチが計画重視タイプに偏っていることがわかりました。

またパワーバランスで見ると、高倉麻子監督がピース・プランニング、熊谷紗希キャプテンがビジョンで、監督からキャプテンに話が通りにくい関係。さらにビジョンから話が通りにくいロジカルの選手が多いため、ビジョンの熊谷選手は、キャプテンとしてチームをまとめるのが大変だったのではないかと予想されます。

もちろん性格統計学ですべてを語ることはできませんが、このような分析も改善策を考える一つの材料として、チーム強化に役立てることが可能です。

一方、黄金比率に最も近く、奇跡的な勝利を収めたチームが、２０１１年ＦＩＦＡ女子ワールドカップで優勝したときのなでしこジャパンです。

当時の監督・選手・コーチ24名をタイプ分けすると、ロジカル41・7％、ピース・プランニング20・8％、ピース・フレキシブル16・7％、ビジョン20・8％という、きわめて黄金比率に近いチーム構成でした。

4タイプのパワーバランス

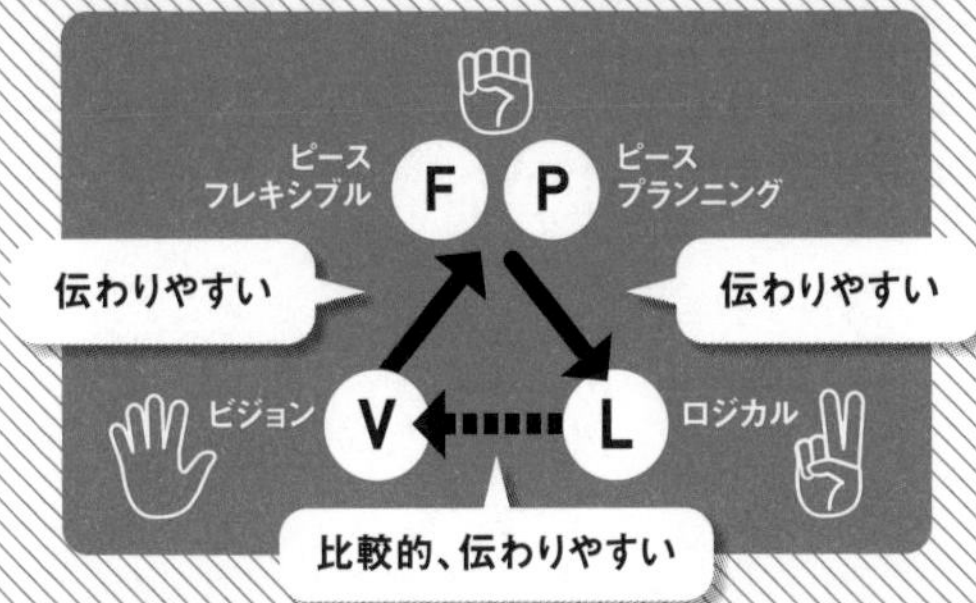

2011 FIFA女子ワールドカップ なでしこジャパン（監督・選手・スタッフ）のパワーバランス

相手優先

ピース・フレキシブル 4名

佐々木則夫（監督）
澤穂希（MF・キャプテン）
川澄奈穂美（MF）　永里優季（FW）

ピース・プランニング 5名

山郷のぞみ（GK）　大野忍（FW）
矢野喬子（DF）　岩渕真奈（FW）
丸山桂里奈（FW）

臨機応変

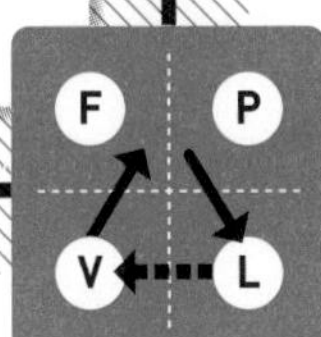

計画重視

ビジョン 5名

宇津木瑠美（MF）　岩清水梓（DF）
海堀あゆみ（GK）　熊谷紗希（DF）
前田信弘（GKコーチ）

ロジカル 10名

近賀ゆかり（DF）　安藤梢（FW）
高瀬愛実（FW）　福元美穂（GK）
阪口夢穂（MF）　鮫島彩（DF）
望月聡（コーチ）　田中明日菜（DF）
宮間あや（MF）
上尾野辺めぐみ（DF）

自分優先

さらに、佐々木則夫監督と澤穂希キャプテンは同じピース・フレキシブルで、意思疎通がスムーズにいく間柄です。そこにピースの監督から話が通りやすいロジカルの望月聡コーチと、ビジョンの前田信弘ＧＫコーチが脇を固めるように配置されており、まさに理想的なパワーバランスが成り立っていました。

職場においても、チーム内のパワーバランスは非常に重要です。例えば二人の部下に同じ指示をしても一人には伝わりやすく、一人には伝わりにくい場合、このパワーバランスが影響していることがよくあります。

特にリーダーから見て、パワーバランスが逆のタイプの部下に指示を出すときは、意識して「伝え方」を変える必要があります。

例えばリーダーがビジョンで、部下が話の通りにくいロジカルだったとしましょう。この場合はまず、リーダーがロジカルに合わせた伝え方をすることが第一です。

しかし、それでもうまくいかない場合は、ピースを介して伝えるのです。

リーダーからピースに事情を説明し、ピースの口からロジカルの部下に伝えてもらうようにします。すると、不思議なほどスムーズに話が通るようになります。

この裏技を知ってか知らでか実践していたのが、女子サッカーのなでしこジャパンの元監督、佐々木則夫氏です。

彼のあるインタビュー記事にこんな話がありました。

当時チーム内に調子を落としているメンバーが一人いたそうです。佐々木監督が気にかけて「最近どうしたんだ。悩み事があるなら相談に乗る」と言っても、彼女は「大丈夫です」と言うばかり。そこで、佐々木監督はマネージャーに頼んで、事情を聞き出してもらうことにしました。

マネージャーが彼女を呼んで「監督が心配している。話しにくければ自分が相談に乗るから」と言うと、彼女は抱えていたものをわっと吐き出したとのこと。

その後、マネージャーから報告を受けた佐々木監督はメンバー本人と話し合いの場を設定し、本人の納得のうえで適切な休養を取らせることができたということです。

記事の文面だけではマネージャーや女子メンバーのタイプはわかりませんが、佐々木監督がピース・フレキシブルであることを考えると、おそらく悩んでいた女子メンバーがビジョンで、マネージャーがロジカルだったのではないかと思います。

スポーツ界には「名監督」と呼ばれる方がたくさんいます。彼らが「選手一人ひとりの個性を見抜き、それぞれに合った指導で成長に導いてきた」と言うのは、ひと握りの名監督が持つ「天性の勘」によるものかもしれません。

ただ**性格統計学を使えば、「天性の勘」がなくても自分と相手の性格タイプがわかり、部下一人ひとりに合わせた指導ができます。**

これを職場で実践できれば、「理解のある」上司として信頼され、部下のやる気を引き出し、チームをまとめていけるようになるでしょう。

できるリーダーは全タイプを兼ね備える

さて、ここまで読んで「自分にはロジカルもビジョンもピースも、全部の特性がある」「タイプ診断ではロジカルだったが、臨機応変に対応できる」と感じる人も多いのではないでしょうか？

実は、タイプというのはその人本来の「生まれ持った性格タイプ」と、仕事や環境に合わせることで身につけた「後天的な性格タイプ」があります。

例を挙げるなら、営業職のように顧客の要望で動くことが多い職業では、しばしば相手の都合に振り回されます。そこでいちいちフラストレーションを溜めてはいられないので、自分を守る方法として徐々に臨機応変な対応を身につけていきます。そのように**自分を鍛えていくことで、本来の自分とは違うタイプの特性を身につけたり、演じられるようになるのです。**

またビジネスの場面ではどうしてもデータ・数字・計画などロジカルっぽさが重視さ

れるため、ロジカルの人は本来の特性を活かしやすいですが、人間関係がドライになったり予定変更に弱かったりするところが弱点になりがちです。そこで、ウェットな人間関係のスキルや臨機応変さを身につけようとして、ピース・フレキシブルっぽい特性を意識して兼ね備えようとします。

ビジョンの人は器用なところがあり、仕事の場面では期限や時間をきちんと守るなどロジカルっぽく変身できますが、プライベートではビジョンらしく自由で柔軟というようにオンとオフの切り替えを上手に行う人が多いです。

ピースで仕事のできる人は、自分で話が長くなりがちなことを自覚しているので、あえて結論から言うようにするなどロジカルっぽく振る舞うことができます。

さまざまな人と仕事をして修羅場をくぐってきた人ほど、これらの傾向が強くなります。つまり、全部のタイプの強みを集めた人間になっていくのです。

これこそ、あらゆるタイプに対応できる〝万能のリーダー〟です。

ですから、読者の中に「すべてのタイプに当てはまる」という人がいたら、あなたは最強のリーダーになる素質があります。

ただし、**ピンチのときや突発的なハプニングのとき、自分に余裕がないときなどは、無意識に「生まれ持った性格＝本来の自分」が出ます。**部下の動きが悪い、チームのまとまりが悪いと感じるときは、自分本来の地が強く出ているとき。またはあなたとまったく違うタイプの部下がいると考えて、軌道修正するといいでしょう。

そして、新卒や社会経験の浅い部下は、この性格タイプの特徴が強く出るでしょう。キャリアや経験があるあなたのようには、まだうまく立ち回れないことを理解してあげてほしいと思います。うまく立ち回れないのは本人の経験不足や、性格タイプの違いであなたの指示が伝わっていない場合もあり、素質そのものが悪いわけではないと考えましょう。

次章からは具体的なケースごとの効果的なコミュニケーション法を見ていきます。いずれのケースも、どこの職場にでもあるような「あるある」事例ばかりだと思うので、「こんなふうに思っていたのか」と新たな発見があるはずです。

言葉には即効性があります。効果を信じて実践し、部下の変化を観察してみてください。

計画重視&自分優先

ロジカル

わかりやすい
ですね
これはいつまで
ですか?

性格の特徴

- □結論、全体像や期限を先に知りたい
- □効率やデータ・数字を重視する
- □行動する前に段取りや計画を立てる
- □自分の納得が大事
- □結果を重視する
- □ルールや基準を重視する

ストレスになること

- □急な予定変更
- □ペースやタイミングを乱されること
- □漠然とした指示、曖昧な態度
- □あらゆる無駄(お金、時間、労力)

やる気になる一言

具体的にほめる

「○○が▲▲で、すばらしいよ」など

V

臨機応変&自分優先

ビジョン

すごいですね!!!
とりあえず
やってみます!

性格の特徴

- □ざっくりポイントだけ知りたい
- □行動しながら臨機応変に対応する
- □天才肌で、可能性や自分の直感を重視する
- □主語がなくて話が飛びやすい、擬音が多い
- □柔軟な発想で、計画や固定観念にとらわれない

ストレスになること

- □細かい指示
- □長い話、束縛されること
- □薄いリアクション
- □「なぜ?」と質問されること

やる気になる一言

リアクションを大きく

「すごい!」「さすがだね!」など

P

計画重視&相手優先

ピース・プランニング

お役に立てて
嬉しいです
それはどうして
ですか?

性格の特徴

- □人の役に立ちたい
- □理由や経緯を知りたい
- □人との調和を重視、人に迷惑をかけたくない
- □話が長くなりやすい
- □本質や思いを大切にする
- □外では優しく、内では厳しい

ストレスになること

- □筋の通らない話
- □人と比べられること
- □言い争いや大きな音
- □「なぜ?」の質問に答えてもらえないこと

やる気になる一言

感謝とねぎらいを伝える

「ありがとう」「君のおかげだよ」など

F

臨機応変&相手優先

ピース・フレキシブル

お役に立てて
嬉しいです
それはどうして
ですか?

性格の特徴

- □人の役に立ちたい
- □理由や経緯を知りたい
- □人との調和を重視、人に迷惑をかけたくない
- □話が長くなりやすい
- □本質や思いを大切にする
- □相手と状況に合わせて判断する

ストレスになること

- □どちらか選ばされること
- □人と比べられること
- □言い争いや大きな音
- □「なぜ?」の質問に答えてもらえないこと

やる気になる一言

感謝とねぎらいを伝える

「ありがとう」「君のおかげだよ」など

Chapter 2

仕事・指示を理解してくれないときの伝え方

case 01

単純作業の意味や意義をいちいち聞いてくる

部下に仕事を頼むと、いちいち「なぜこの仕事をするのですか」「何のためにするのですか」と聞かれる。

仕事の意味や意義といっても、単純作業でそんなに深い意味はない。「そんなことを気にするより、早く仕事を進めて」と言えば、進めてはくれるがどうも納得していない様子。

仕事内容に不満でもあるのだろうか……。

case 01

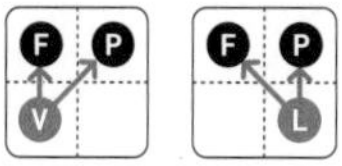

このケースにはまりやすいタイプ

上司…●ロジカル ●ビジョン
部下…●ピース

理由がわからないと動けないピース

仕事を頼まれたとき「面白そうな仕事だ」「将来につながりそう」と魅力を感じると、それがモチベーションとなって動けてしまうのがビジョンです。また、ロジカルは全体像とゴール、期限、段取りさえわかれば、忠実に仕事をこなします。つまり、ビジョンやロジカルの上司にとっては「なぜこの仕事をするのか」「何のための仕事か」などの理由や意義はあまり気にならないのです。

それに対して、**物事の理由や背景がわかっていないと気持ちよく動けないのがピース。**どういう経緯でこの仕事を自分がすることになったのか。それがわからないと、誰のため、何のために仕事をするのかがわからず、不安になってしまうのです。

いちいち仕事の理由を聞かれると「仕事内容に不服があるのか」と思うかもしれませ

ん。特にビジョンは「なぜ？」と聞かれることが嫌いです。「こんな仕事をする意味があるのか」「私にやらせないで」という否定の意味に聞こえてしまうからです。

結論や要点だけズバッと言いたいロジカルにとっては、「そもそも論」を聞かれること自体が面倒で、マイナスの印象を抱いてしまいます。

しかし、ピースが理由を聞いてくるのは純粋にそれを知りたいからであって、不満や否定の気持ちがあるわけでも、上司の邪魔をしたいわけでもありません。

「なぜなら」と「ありがとう」を伝える

ピースの部下がいろいろと聞いてくるのは、根底に「相手の希望を理解して応えたい、役に立ちたい」という気持ちがあることをまず理解してあげてください。「ゴールや段取りだけでは中身がスカスカで、動けない」と感じるのです。そう理解すると、部下の質問が面倒くさく感じることや、自分への不満に聞こえることが減ります。

では、どう行動すればいいかというと、**ピースの部下に何かを頼むときは、理由や経緯をきちんと説明すること。**例えば、このプロジェクトに自分たちのチームがなぜ関わることになったのか。今、チームはどういう仕事をしていて、部下に頼んだ仕事はなぜ

case 01

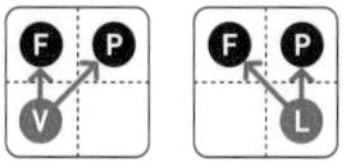

必要なのか、などです。

煩わしく感じるかもしれませんが、最初に一度経緯を説明してしまえば、部下は納得して仕事に集中してくれます。最初の10分、15分を惜しまないことが大切です。説明の際は、**「その仕事がチームのためにどう役立つか」を入れるのがポイント**です。仲間のために尽くすことが好きなピースは俄然力が湧いてくるからです。

そして、きちんと仕事をしてくれたら「ありがとう」と本人に感謝を伝えます。すると自分が誰かの役に立てていることを確認し、さらにやる気を出してくれます。

言い換え

before

「仕事の理由なんか気にするより、目の前の仕事を早く進めて」

after

① 「なぜこの仕事をするかというと……」「君の仕事がチームのためになる」

② 「いつもありがとう」「君のおかげで助かっているよ」

case 02

ダメと言っても「こっちのほうがいい」と譲らない

あるプロジェクトを任せたところ、「予算が10万円足りません」と言ってきた。たしかに面白い企画ではあったが、すでに予算は決定しているので今さら増やせない。

「予算オーバーはダメだから、考え直して」と言うと、「なぜですか！ 絶対この企画ウケますよ！ 10万くらい何とかなりませんか？」と食い下がってくる。

強めに却下しても「他のチームは予算増額で通していたのに」と不満げ。

case 02

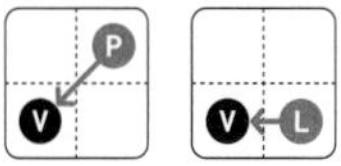

このケースにはまりやすいタイプ

上司…●ロジカル　●ピース・プランニング

部下…●ビジョン

やりたい気持ちが先走ってしまうビジョン

ロジカルやピース・プランニングは、物事を進めるときにルールや順番などの決まり事を大事にします。そのため、「予算はこの範囲内で」「期限はいつまでに」と指示されると、その制限の中で最大限の良いものを作ろうと考えます。

それに対して**ビジョンは、インスピレーションや可能性を大事にします。**自分が面白そうなアイデアを思いつくとつい熱くなってしまい、「このくらいならオーバーしても何とかなるかな」「期限よりもアイデアを練って、もっと面白くするほうが大事」と思ってしまうのです。

上司にダメ出しされたこの部下の心の中を覗くと、きっと「せっかくこんな良いアイデアがあるのに、実現しないなんてあり得ない！」「この企画を捨てるなんて、上司はどうかしている」と叫んでいることでしょう。

これがロジカルの部下なら、「予算は決まり事だから仕方がないな」と引き下がるはずです。また、人の輪を大切にするピースの部下なら、自分の企画をごり押しするより、上司の立場を優先するでしょう。

ただ、ビジョンの部下にしてみれば、純粋に「みんなが驚く画期的なものを作りたい！」という熱量が高いだけで、上司に反抗しているわけではないのです。

やりたい気持ちを受けとめて、向上心を刺激する

ロジカルを説得するなら、基準や規定を挙げて「だから、ちょっと無理だね」と言えば抵抗なく受け入れてくれますが、それはビジョンには通用しません。なぜなら、仕事でも何でも、ビジョンがノッているときは「やりたい気持ち」がとても大きいからです。それを頭ごなしに潰しにかかっても反発がくるだけでしょう。

ビジョンに納得してもらうには、まず「そうか。面白い企画を考えたんだね」と理解を示すこと。そのうえで、「やりたいのはわかるんだけど、今回の予算は絶対厳守なんだ。他のチームとうちは実績が違うからね」というように事情を話すとわかってくれます。

case 02

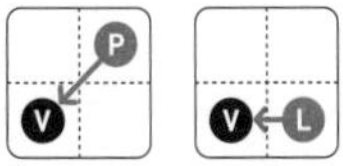

さらに、「今回のプロジェクトを予算内で収めて実績が残せたら、表彰ものだよ」と言って**向上心のスイッチを押してあげると、ビジョンの部下はやる気をなくすことなく、さらに燃えて企画の方向転換をしてくれるでしょう。**

軋轢を生まずに部下の軌道修正をするだけでなく、部下の才能を伸ばすことまで可能になります。

言い換え

before

「予算オーバーはダメ。もう一度考え直して」

after

① 「面白い企画だね。やりたい気持ちはわかるよ」

② 「もし予算内で成功できたら、君はすごいよ」

case 03

丁寧に指示を出したのに理解してくれない

初めてお願いする仕事だったので、手順や必要な書類などを丁寧に教えた。ところが、部下は「はい」と返事はするものの、なんとなく身が入っていない様子。

特に確認や質問もされず、やる気がないのか、それとも説明がわかりづらいのか、反応が薄いから不安になる。

case 03

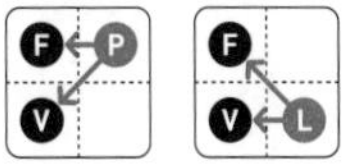

このケースにはまりやすいタイプ

上司…●ロジカル　●ピース・プランニング

部下…●ビジョン　●ピース・フレキシブル

細かい指示がかえってわかりにくいこともある

仕事の手順や使うべき資料などを事前に細かく教えようとするのが、ロジカルまたはピース・プランニングの上司の特徴です。この2つのタイプは計画を立て、シミュレーションしてから動き出すタイプで、最初に材料を全部揃えて、手順を決めてからスタートします。そのため、自分自身が時間や手間の無駄を嫌うので、部下が最短のルートで仕事ができるよう、最も効率的な方法を伝えようとします。

これに対し、**ビジョンやピース・フレキシブルには細かい説明は不要です。**特にビジョンは出来上がりの予想図を見るとインスピレーションが働き、「これをこうすると、こうなって、うまくできそう！」と直感します。たとえるなら、与えられた数個のピースを使って頭の中でパズルを組み合わせ、大まかな全体像を作っていくイメージです。

主要なピースが揃っていれば形になるか、ならないかはおおよそ見当がつきます。「これは形になりそうだ」と判断すれば、とりあえずゴールに向かって一歩を踏み出します。一歩二歩と進んでみて手応えがあればＯＫ。ダメそうなら、その時点で軌道修正します。そうやってインスピレーションを確信に変えていく作業を繰り返しながら、少しずつ足りないピースを揃えて細部を埋めていくというのがビジョンのやり方です。

感覚的に動いて危なっかしく感じるかもしれませんが、ビジョンはそれなりの勝算があり、自分なりに考えながら進めていきたいと思っています。

また、部下がピース・フレキシブルの場合は、まず理由や経緯を聞いてより納得して進めたいと思っています。ただ、自分から質問するのも「忙しい中時間を取らせるのは申し訳ない」と思ってしまい、もやもやして動けないこともあります。

ビジョンには「わからなければ聞いて」、ピースには「一緒にやろうか」

ビジョンの部下に仕事をお願いするときは、1から5まで手順を教えるのではなく、1と2(スタート)と5(ゴール)だけを教えてください。そして、「やり方がわからなかったら聞いてね」と言っておきます。すると、ビジョンは自分でやり方を工夫して5にた

case 03

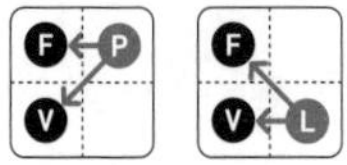

どり着こうとします。プロセスは本人に任せて、結果だけを見てあげればいいのです。

ピース・フレキシブルの部下には、まず理由や経緯を説明してください。そのうえで、「最初だけ一緒にやろうか」と聞いてあげると安心します。最初の部分だけやり方を教えてあげれば、自分で進めつつ、迷ったときは質問してくるでしょう。

言い換え

before

「これはこうして、あれはああして」

after

ビジョン「これを作ってほしい。ポイントはこの2点。わからなければ聞いて」

ピース・フレキシブル「こういう理由でこの仕事が必要なんだ。最初だけ一緒にやってみようか」

case 04

急ぎの仕事をなかなかやってくれない

急ぎの仕事が入り、部下たちに手伝ってほしいとお願いした。「はい」と言って手伝ってくれる部下がいる一方で、「今やっている仕事も急ぎなので」と言って、自分の仕事を優先する部下がいる。

上司からの急ぎの仕事を断るなんて、自分のときはあり得なかったのに。

case 04

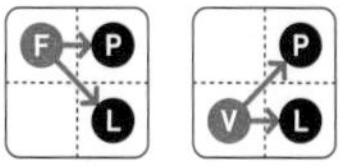

このケースにはまりやすいタイプ

上司…●ビジョン　●ピース・フレキシブル
部下…●ロジカル　●ピース・プランニング

計画重視タイプは段取りが変わるのがストレス

臨機応変タイプ（ビジョンとピース・フレキシブル）は急な予定変更があっても、あまり動じることなく対応します。**これは物事を進めるときに、締め切りだけが決まっていて、その途中経過は自由度が高いからです。**

例えば、3日後に締め切りの仕事がいくつかあったとして、どれをどの順でやるかは自分の感覚や他の仕事との兼ね合い次第。3日後に出来上がっていればOKなので、並行してやっても、やりやすいものから片づけてもいいという感覚です。

そのため、急に急ぎの仕事を頼まれても、他の仕事の進捗に影響がなければ「いいですよ。やります」と引き受けます。「上司が急ぎと言っているのだから、今すぐやらないと」と思って、相手の意図を汲んで行動しようとしてくれます。

それに対して**計画重視タイプ（ロジカルとピース・プランニング）は、時間や手順の計画を立ててそのとおりに仕事を進めているので、段取りが変わってしまうのがストレスになります。**すべての段取りを組み直さなければならないからです。

上司が割り込みで「この仕事は急ぎだから」と頼んだときに、「こっちの仕事も急ぎなので」と言ってくるのは、「どちらも急ぎなのだから、最初から決まっていたほうが優先だ」という論理です。

臨機応変タイプの上司からすれば「融通の利かないやつ」と思いがちですが、これも能力の差ではなくタイプの違いなのです。

仕事に優先順位をつけてあげる

計画重視タイプには基本的には予定変更はタブーですが、どうしてもお願いしなければならないことも仕事ではよくあります。こういうとき、「急ぎでお願い」という伝え方はNGです。計画重視タイプにとって「急ぎ」という言葉の緊急度が、臨機応変タイプとは異なるということをまず理解してください。

そして**「これを一番に、〇時までに仕上げてほしい」と優先度と期限を伝えます。**す

case 04

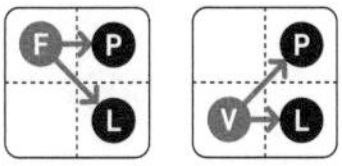

ると、その仕事を一番目に入れて、それ以外の順序を入れ替えることができます。ちなみに、「最優先で」という言い方は臨機応変タイプには通用しますが、計画重視タイプには伝わりづらいのでおすすめしません。

もし割り込みの仕事が入ったことで、他の仕事の順序を決めかねているようなら、具体的に優先順位と、期限の指示をしてあげましょう。「今日○時までにAをやって、明日と明後日でB、その後にC」や、「Bの締め切りは半日延ばせるから、Aを割り込ませても大丈夫、間に合うよ」と具体的に伝えましょう。

言い換え

before

「この仕事、急ぎでお願いするよ」

after

①「この仕事を一番に○時までにやって」
②「それ以外の仕事は、この順番と期限でお願い」

case 05

上からの決定事項を伝えると嫌な顔をする

部長がしばしば「これは今度からこう変更することになったから」など決定事項で指示を出してくる。それをそのまま部下に伝えるが、毎回部下たちは不満そう。

たしかに今までと期限やルールが変わるのは現場にとって大変だと思うが、決定事項で下りてきたので仕方ないし、会社とはそういうものだとわかってほしい。

case 05

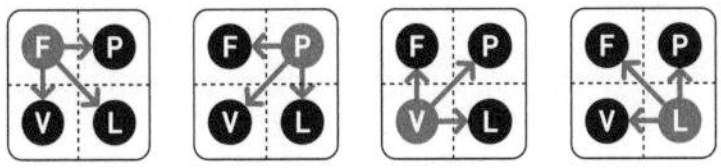

このケースにはまりやすいタイプ

上司…すべてのタイプ
部下…すべてのタイプ

指示が「丸投げ」「無責任」に見えてしまう

上司と部下の板挟みになるというのは、中間管理職ならではの悩みです。最近は現場の声を吸い上げる「ボトムアップ」式の組織も増えてきましたが、やはり「上の言うことは絶対」という昔ながらの「トップダウン」式が日本ではまだまだ多いようです。

このケースのように、トップダウンで指示を出したら部下から嫌な顔をされるという事態は、どのタイプの上司と部下にも起こり得ます。

部下がなぜ嫌な顔をするかというと、部長から言われたことをそのまま伝えているのは「ただの丸投げ」に映るからです。

そこに自分自身の意思や考えはなく、ただ部長の言葉を伝言しただけなので、無責任に思えます。それでつい感情がストレートに表情に出てしまうのでしょう。

あるいは、部長の言葉を自分のフィルターを通して部下に伝えている場合でも、言葉の選び方が部下のタイプに合っていない場合があります。

すると、指示の意図がスムーズには伝わらず、部下に対してストレスを与えてしまうことになるのです。

そのまま伝えずタイプ別に言葉を変える

特に個別の用件の場合、部長の言葉をそっくりそのまま伝えるというのは、伝わらないリスクがあります。

まずは部下が何タイプかを見極めましょう。そのうえで、それぞれに合った伝え方をします。

ロジカルには、急な変更そのものがストレスになるため、変更した後にどう対応していけばいいのか、**変更後もスムーズに仕事をするための具体的な方法を教えます。**

ビジョンはモチベーションを上げることが優先です。「変更したらここがこんなに良くなる」「君なら対応できると思ってお願いしているんだ」といった**期待を込めた言葉でやる気を引き出しましょう。**

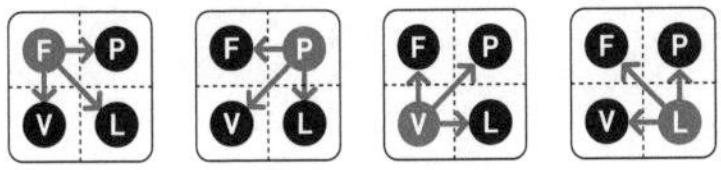

ピースであれば、理由や経緯がないと納得できないので、**どうしてそのような変更になったのかを伝えてください。**

言い換え

before

「今度からこう変更することになったから、よろしく」

after

ロジカル「変更後もこうすれば今までどおり対応できる」

ビジョン「君だからお願いするんだよ」

ピース「こういう理由で変更になるけど、このように対応するのはどうかな？」

case 06

漏れを指摘すると「そんな指示は聞いていない」

部下が作ってきた資料をチェックしていると、とにかく漏れが多い。

「ここ、もうちょっと資料がほしかったな」「ここも頼んだのにどうしてやってないの？」と指摘すると、「そんな指示は受けていません」「そこまで必要だったとは思いませんでした」と言い訳をしてくる。

もう少し自分で考えて気を利かせてくれると助かるのに……。

case 06

V→L

このケースにはまりやすいタイプ

上司…●ビジョン
部下…●ロジカル

ロジカルは「適当に」「とりあえず」と指示されても動けない

あれこれ細かい指示をされたくないビジョンの上司は、部下にもざっくりとした指示の出し方になりがちです。「今度、○○社へのプレゼンがあるから、必要な資料を準備しておいて」など、ざっくりゴールだけ伝えていることが多いようです。

部下がロジカルだった場合、この指示では曖昧すぎるので、もっと詳しい情報をほしがります。だから、あれこれと質問をしてきます。ところが、ビジョンはいちいち聞かれることが苦手な人が多く、部下の質問に対しても「ここは君の思ったように適当に配置してくれればいいよ」「とりあえずやってみて」と返してしまいます。

ロジカルの部下は質問しても解決しないので、仕方なく最低限必要と思われる資料を見繕ってあなたに持ってきます。すると、あなたが本当にほしかった資料が足りておらず、「なんだこれ」「詰めが甘い」という評価になってしまうのです。

しかし、**ロジカルの部下にしてみれば、「事前に指示してくれれば揃えたのに、後からあれも必要だった、これも抜けていると言うのは〝指示ミス〟だ」と感じてしまいます。**この感覚のずれが、コミュニケーション・ギャップを生んでいます。

「この資料がほしい」「ここが詳しく知りたい」と具体的に指示する

ビジョンがよく口にする「適当に」「とりあえず」という言葉は、同じビジョン同士の会話では〝なんとなくのニュアンス〟で成立してしまいます。ビジョンの言う「適当に」は「適切に」「万事うまく」といったプラスの意味合いであり、「とりあえず」は「やってみてわからなければ聞いて」の意味です。

しかし、ロジカルは「適当に」と言われると、「手抜きでもいい」や「かいつまんで」などマイナスの意味に聞こえます。同じように「とりあえず」は「見切り発車の無計画」として感じられます。そのため、ビジョンからの指示はとても感覚的でわかりにくく、指示として不十分に感じられるのです。

上司にしてみれば「機転を利かせてよ」と思うかもしれませんが、ロジカルの部下か

case 06

V→L

らすれば他の仕事もあるわけで、「頼まれもしない余計なことをして時間を無駄にしたくない」という思いもあります。

このギャップを埋めるには、具体的な指示を出すことです。部下が気を回してくれないことに苛立ったり、気を回してくれるようにもっていったりするのは大変な労力です。それよりも、自分から「これとこれの資料がほしい」「この部分を詳しく知りたい」と指示を出したほうが、速く確実に事が運びます。

言い換え

before

「プレゼンの資料よろしく。適当に揃えておいてね」

after

「ここは画像3つ以上、比較の表も入れて詳細に作ってほしい」
「ここを重点的にアピールしたいから、裏付けになる資料を探して、明日の14時までに私にメールで送って」

case 07

マニュアルがあるのに「どうすれば?」と聞いてくる

業務のほとんどはマニュアル化してあり、それを読めば一通りの仕事ができるようになっている。にもかかわらず、マニュアルを読む前から「これ、どうやるんですか?」と聞いてくる部下がいる。

わからないことを素直に聞くのは良いが、まず自分でマニュアルを読んで、それでもわからなかったら聞きにきてほしい。

case
07

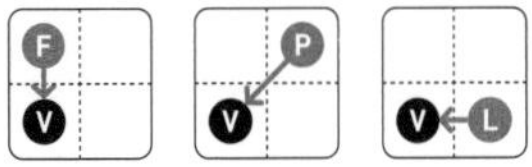

このケースにはまりやすいタイプ

上司…すべてのタイプ
部下…●ビジョン

「読むより聞いたほうが速い」と考えるビジョン

ロジカルやピース・プランニングの人はマニュアルやルールブックを読むのが好きで、そこそこ文字数があってもあまり苦になりません。例えば家具を組み立てるときでも、最初に説明書を全部読んで、手順を確認してから組み立て始めます。

それに対してビジョンは**「説明書なんて読むのは面倒くさい」「やり方を知っている人に聞いたほうが速い」と思ってしまいます。**そのため、上司や同僚に「どうやるんですか？」と聞いてくるのです。

そういうビジョンの人に「マニュアルに書いてあるから、まず読んで」と言うと、「あなたに割く時間がもったいない。自分でできることは自分でやって」と解釈し、放り出されたような気になります。

さらにビジョンは、マニュアルを読むこと自体が苦手な人が多く、読み切るまでに時間がかかります。すると、読んでいるうちにつらくなってきて、どんどんモチベーションが下がっていきます。読み終わる頃にはすっかり興味を失って、単に苦行をこなすだけになってしまいがちです。

読ませるより教えたほうが速い

ロジカルにとっては我慢のしどころにはなりますが、**ビジョンの部下にはマニュアルを読ませるより、口で説明したり実際にやり方を見せたりしたほうがいいでしょう。**マニュアル任せでやる気を失ってだらだら仕事をされたり、気持ちが入らずミスされたりしては、全体の生産性やチームの雰囲気にも関わってきます。

説明にはおそらく5分もかからないでしょう。その5分を惜しまず、部下が気持ちよく仕事をしてくれるほうが、あなたにとっても好都合です。部下がマニュアルを読まず「どうやるんですか?」と聞いてきたら、「ああ、この部下はビジョンなんだな。それなら教えたほうが速い」と理解すればイライラもしません。

それにビジョンは、大体のやり方がわかってしまえば、早く仕事を覚えて要領よくこ

case 07

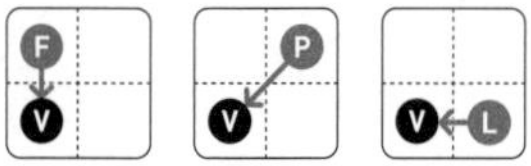

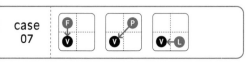

なしていきます。あまり時間をかけて細かく教えすぎると、それはそれでワクワク感を失ってしまいますから、本当にざっくりで構いません。

ざっくりというのは、全体像と大まかなやり方のことです。例えば5つあるステップの入口の部分だけ教えればＯＫ。それを伝えるだけなら1回5分も要らないかもしれません。

入口の部分ができた段階で「次はどうしますか？」と必ず聞いてくるので、そのときにまた教えるといいでしょう。

言い換え

before
「ここに書いてあるから説明を読んで」

after
「こんな感じで進めればいいんだよ」
「仕上がりのイメージはこうね」

case 08

途中段階の書類を平気で提出してくる

部下に仕事を頼んだところ、「わかりました」と言って、翌日には「こんな感じでいかがでしょうか」と書類を持ってきた。締め切りはまだ先なので「早いな」と思いつつ確認すると、誤字脱字などミスだらけ。

それを指摘すると「とりあえず形にしただけなので、これから修正します」と悪びれずに言われた。もう少し整えてから提出してほしい。

case 08

V←L

このケースにはまりやすいタイプ

上司…●ロジカル
部下…●ビジョン

最初から一発合格は狙っていないビジョン

これはロジカル（またはピース・プランニング）の上司とビジョン（またはピース・フレキシブル）の部下とで起こりがちなすれ違いです。

まず、ロジカルの感覚からすると、「仕事の書類は完璧に仕上げたものを提出する」のが当たり前です。

それに対して、**ビジョンは、「とりあえず形にしてみて、一旦確認してもらう。修正しながら完璧なものにしていく」のが当たり前という感覚**です。

これはどちらが正しいという話ではなく、どちらもそれぞれにメリットとデメリットがあります。

例えば、ロジカルは事前に具体的な指示を上司から引き出している場合が多く、その指示が的確であれば上司の狙いどおりの書類を作ってきます。しかし、**「最後まで仕上げたものを提出しないといけない」と思っているため、途中で相談するのが苦手**です。

そもそも上司の指示が曖昧だったり、情報が不足したりしていても、「上司の指示に変更の可能性がある」とは思わず、不安に思いつつも最後まで進めてしまいがちです。すると、上司の狙いとは違うものが出来上がることになります。

ビジョンの場合は、途中段階のものを見てもらって意見を聞けばいいと思っているので、最初のうちは当たり外れが大きいかもしれません。しかし、上司の意見を取り入れて修正を繰り返していくやり方なので、そのうち照準が合ってきて、狙いどおりの書類が出来上がります。

ラフの段階として一度チェックしてあげる

ビジョンは最初から一発合格をもらおうとは思っていません。ですから「こんな中途半端なものを提出してきて」とは思わず、「一旦確認してくれているんだな」と好意的に捉えてあげてください。

大切なポイントは、途中段階の確認なので誤字脱字は多めに見ることです。指摘する

case
08

V←L

と「そんな細かいことを今、言う？」と、ビジョンはテンションが下がってしまいます。

ちなみにこの方法は、作業の途中で相談することが苦手なロジカルにも応用できます。上司が臨機応変タイプで、急に「あの仕事どこまで進んでる？ ちょっと見せて」と言うと、ロジカルは困ってしまいます。中途半端なところで見せたくないため、「まだできていません」と答えるしかありません。

この場合は、「完成稿を10日後にほしいから、3日をめどにラフが出来上がったら一度見せて」と言っておきます。すると3日後にラフを見せることを計算して作業し、途中経過を見せてくれます。そこで一度チェックして軌道修正を行い、「後は期日までに仕上げて」と言えば、10日後には狙いどおりのものが出来上がります。

言い換え

before
「なんだ、この不完全な書類は。誤字脱字だらけじゃないか」

after
「これって、まだラフの段階だよね？ 方向性だけ確認するね」

case 09

やる前から「無理」「できない」と言う

社長からの命令で、いつも1日かかる作業を半日で行うことになった。その旨を部下に伝えると、「無理です」と言って断ってくる。「無理と決めつけずにとりあえずやってみて」と言っても「できるかどうかわからないことに『はい』とは言えません」と言う。本来は力があるのに、マイナス思考で力が発揮できないのはもったいない。

case 09

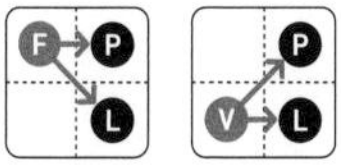

このケースにはまりやすいタイプ

上司…●ビジョン　●ピース・フレキシブル
部下…●ロジカル　●ピース・プランニング

「とりあえず」が許せない計画重視タイプ

ビジョンの人がよく口にする言葉の一つに「とりあえず」があります。ビジョンやピース・フレキシブルは行動しながら煮詰めていくタイプなので、物事の初期段階はいつも「とりあえず」です。「ブラッシュアップしながら完璧なものにしていくから、今はひとまずこれでよし」という考えです。

もともとそのように臨機応変なので、急な予定変更があってもさほど動じません。なんとなくできそうなら「まあＯＫ」と考えます。

それに比べて、計画重視のロジカルやピース・プランニングは急な予定やルールの変更には拒絶反応が強くなります。きちんとした納得できる理由があっての変更なら、それなりに受け入れますが、このケースのように突然の命令では到底納得ができません。

それに作業時間が短くなることで、今までと同じようなクオリティーのものを提出することも難しくなってしまいます。「完璧なもの、完成形を出さないと」というプレッシャーがのしかかり、相当なストレスになっています。**「できるかどうかわからない」という言葉が出てという段階ではいい加減に「できます」と言えず、つい「無理です」と言えずしまうのです。**

「できないと言っておいたほうが安全だ」という考えです。

「とりあえずやってみて（完璧でなくてもいいから形にして）」という言葉は、この部下にとって何の励ましにも解決にもなりません。「とりあえずって何ですか」「いい加減な仕事をしろってことですか」という反発につながってしまいます。「失敗したくない」「言ったことに責任を持ちたい」と思うがゆえに、「できないかもしれないのに、無責任なことは言いたくない」と考えてしまうのです。もっといえば「この上司（会社）はクオリティーを追求しない、いい加減な上司（会社）だ」と失望してしまうこともあり得ます。

具体的に実現可能な方法を教える

このような心理がわかると、この部下が決して「意欲がない」わけでも、「マイナス思考」

case 09

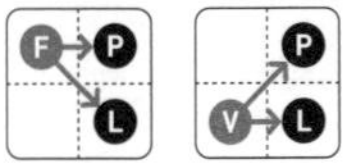

なわけでもないことが見えてきます。すると、部下に対する評価も変わるはずです。

部下が一番不安に思っているのは「今までと同じクオリティーのものを仕上げられない」という点です。ここを解消してあげるためには**「とりあえずでいい」などの曖昧な言い方ではなく、「70点の出来でいいから期限内に提出して」といった具体的な基準を示す言葉**です。

あるいは、社長からのミッションをこなすための「現実的な段取り、タイムスケジュール」（省いてもいい作業を教える、他の仕事の期限を延ばすなど）を具体的に指示すること。部下も「ああ、それならできる」と思えたら、納得して動いてくれます。

言い換え

before

「とりあえずやってみて」

after

「70%の出来でいいから提出して」
「この作業を省けば期限内に仕上がるはず」

case 10

指示どおりに動いてくれない

部下が締め切りより早く「この前の企画書ができました。どうでしょうか?」と持ってきた。確認すると、伝えたものとは細かい部分がいろいろと違っている。本人なりのアレンジを加えたようだが、そこまでは頼んでいない。

「この間、私が言ったとおりにやってほしい」と言うと、「このほうがよくないですか?」と言う。言うとおりに作ればいいだけなのに、なぜ余計なアレンジをするのだろう。

case 10

V ← L

このケースにはまりやすいタイプ

上司…●ロジカル
部下…●ビジョン

発想力が豊かで、アレンジが加わるビジョン

これはロジカルの上司とビジョンの部下で起こりがちな「あるある」です。ロジカルは「マニュアルどおり、指示どおり」が好きなので部下にもそれを求めますが、**ビジョンは「答えは一つではない」と考えているので、「もっと良いものを」と追求しているうちに、ついアレンジが加わってしまうのです。**

ここでは、4タイプごとの指示に対する動き方の違いがわかる例を紹介します。

あなたが部下に「試作でショートケーキを作ってみて」と頼んだとしましょう。

最初にレシピをきちんと読んで、材料や道具を揃えて、頭の中でシミュレーションしてから作り始めるのがロジカルです。基本どおりにきっちり作るので、「見本と同じケーキ」が出来上がります。ロジカルの部下は上司の指示が第一なのと、基本的に無駄なこ

とはしたくない性格なので、頼まれない限り勝手に創意工夫はしません。

ビジョンはレシピをざっと見るだけで、完成したケーキのイメージを手掛かりに、とりあえず作り始めます。作っている最中に足りない道具が出てきたら、その都度用意すればいいと考えながら動いています。飾りつけのイチゴの数や配置は最も見栄えが良くなるよう工夫して、見本よりも良いものができないかと考えます。その結果、見本とはちょっと違う「アレンジの加わったケーキ」が出来上がります。

ピースの場合は、「そもそもなぜケーキを作るのか」を知りたがります。誰かの誕生日なのか、ＳＮＳ用に写真を撮りたいのかなど。理由がわかると、「バースデーケーキならロウソクがあったほうがいい」「写真映えするようアイシングしてみよう」と気を利かせるので、「相手が喜ぶケーキ」が出来上がります。

こんなふうに、ケーキ一つでもタイプの違いが如実に現れます。

アイデアは認めたうえで不要であれば断る

ビジョンの部下は最初から一発合格を狙って書類は作っていません。

上司の意見を聞いて練り上げようと思っているからこそ、修正の時間を考慮して早め

case 10

V ← L

に企画書を見せにきているのです。**その企画書には、部下が「これがいいだろう」と考えるエッセンスが入っていて、それが採用になるかどうか上司に伺っているのです。**

自分のアイデアが採用されれば嬉しいけれど、ダメならやり直そうとも思っているので、「君のアイデアは良いけど、今回はなしで」と言えば大丈夫。あまり目くじらを立てる必要はありません。

言い換え

before

「なんで言ったとおりに作らないんだ？　余計なことをしないで」

after

「アイデア自体は面白いけど、今回はちょっと採用できないんだ。この部分は当初の指示どおりに戻してほしい」

case 11

そこまで教えなきゃダメ？

部下にはいろいろと経験させてきたつもりだが、いつまで経っても確認が多い。一つ仕事を頼んでも、「メール文はこれでいいですかね……？」「NGが出た場合はどうしますか？」など聞いてくる。

いつも問題なくできているのだから、そこまで確認する必要はないのに、どうしてそんなに自信がないのだろうか？

そろそろ自分で判断できるようになってほしい。

case 11

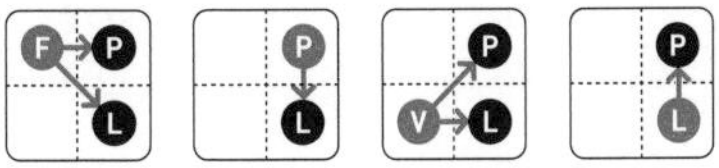

このケースにはまりやすいタイプ

上司…すべてのタイプ

部下…●ロジカル　●ピース・プランニング

「勝手に進めてはいけない」と考える計画重視タイプ

このケースの場合、部下には一通りの仕事の経験があり、やり方そのものはわかっているはずです。それでも確認してくるのは、**その仕事に関する権限がすべて上司にあり、自分が勝手に進めてはいけないと考えている**可能性が高いです。

普通に考えて、普段やっている仕事やその延長なら、メールの文面が問題ないかどうかはわかっていて当然です。ただ計画重視タイプの場合は、これが自分の案件ではなく上司の案件である以上、上司から「この文で行こう」という許可が下りないと送ることができません。どこまで自分でやっていいのかが判断できないのです。

これは、上司が部下に与えたと思っている裁量と、部下が自分の裁量だと理解している範囲がずれているために起こります。

臨機応変タイプの人はざっくりとした指示や説明が多いので、上司としては「任せたつもり」「説明したつもり」が、相手に伝わっていないことがしばしばあります。

またロジカルやピース・プランニングの人でも、上司の立場になると、自分がわかっていることだから相手もわかっていると思ってしまい、言葉や説明が足りなくなることがあります。

はっきりと「これは君の裁量に任せる」と伝える

解決策は、**どこまで自分でやっていいのかをはっきり伝えること。**「この案件はここまでは君の裁量で進めていい」「今の段階で十分できている」「迷ったとき以外は、私の意見は聞かなくてもいい」などと伝えてください。計画重視タイプの部下は、自分の実力を認めてもらい、役割と範囲さえわかれば自分で責任を持って動くことができます。

ただ、まだ慣れない仕事のときは不安があるかもしれません。「今回はうまくできたけれど、次は違うかもしれない」と考えてしまうからです。

特にロジカルの人にとって「自分にできるか、できないか」は重要です。

それがわかりやすい例を一つ紹介します。

case 11

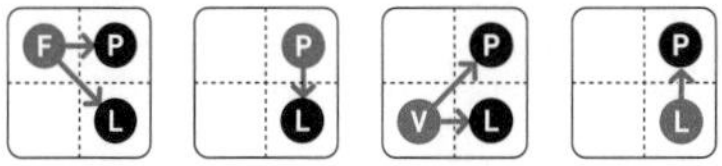

幼稚園児に積み木を渡して「これと同じように作って」と言うと、出来上がったときにビジョンの子は「やったー！」と言います。ピースの子は嬉しそうに母親の顔を見ます。一方、ロジカルの子は「できた！」と言います。つまり、**ロジカルの人にとって「できるか、できないか」はとても大きなこと**なのです。

ですから、部下が不安に思っているときは「ちゃんとできているよ」と言ってあげてください。そして、「ここまでできれば合格だね。次からは自分で考えてやってごらん」と言うと、今までの仕事の応用だと理解し、自信を持って仕事を進められます。

言い換え

before

「もう少し自分で判断してほしい」

▼

after

「この案件は君の裁量で進めていいよ」
「ここまでできれば合格。次からは自分でやってみよう」

Chapter 3

自分から動いてくれないときの伝え方

case 12

頼まないと何もやってくれない

指示を出すと、いつも「はい」と素直に聞いて、完璧に仕事をしてくれる部下がいる。とても頼もしい存在だが、受け身の性格なのか、自分から何かをしようという気配がない。

そろそろ独り立ちする時期だし、こちらが言う前に自分で考えて行動できる人間になってほしい。

case 12

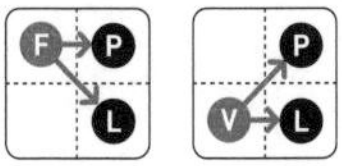

このケースにはまりやすいタイプ

上司…●ビジョン　●ピース・フレキシブル
部下…●ロジカル　●ピース・プランニング

指示なしで勝手に動けない計画重視タイプ

こちらが言わなくても気づいて動いてほしい上司と、指示がないと動かない部下という構図は、職場の「あるある」ですが、こうしたすれ違いは臨機応変タイプの上司と計画重視タイプの部下の間で起こりがちです。

ビジョンやピース・フレキシブルの人は周りの状況を見て、「これは自分の仕事ではないな」と思うことでも、他にやる人が誰もいなければ「仕方がない、自分がやるか」と思って対応します。その感覚が当たり前だと思っているので、部下にもそのくらいの自主性を求めます。

しかしロジカルとピース・プランニングは、基本指示がない限り勝手に動けません。指示のない仕事に対しては、勝手に手出しすべきではないと考えるからです。

例えば「自分の仕事は自分でしたい」「勝手にやるとかえって迷惑になるかも」「間違った方法で進めて二度手間になるといけない」と考えた結果、あえて動かないことがあります。頼まれたら快く引き受けますが、それまでは待機が基本です。

決して気が利かないのではなく、あえてその選択をしているのです。

特にロジカルの人は仕事の場面で「役割」をとても大切にします。自分の役割が侵されることも、人の役割を侵すことも好まないため、その領域を出ないように動きます。

ロジカルの上司の中には「自分は若いときから自主的に動いていた」という人もいるかもしれません。それは、昔は阿吽の呼吸のような助け合いが企業文化としてあったため、自然と「分業の枠を超えて動く」ことを覚えたのです。

今はグローバル化で分業制が企業文化として一般的になっています。ですから、今の若い世代の人たちはタイプにかかわらず、分業制で行うことがスタンダードになってきているため「受け身」だと感じられる部下が増えたのでしょう。

ロジカルには「役割」ピースには「理由」を

ロジカルに自発的に動いてもらいたいときは、本人に役割を与え、本人の裁量に任せ

case 12

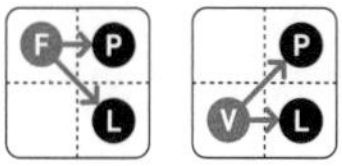

るのが一番確実です。「この仕事は次から君の役割にするね」「誰もいないときは代わりにお願い」と言っておけば、気持ちよく動いてくれます。

途中で「これはここで合っていますか?」「この方法で進めていいですか?」など確認が多くなりますが、そういうときは「今言った方法で大丈夫だよ」「この前の進め方でお願い」とその都度GOサインを出すと自分の裁量で動いてくれます。

ピース・プランニングの場合は、理由をつけて指示を出しましょう。「君は仕事が丁寧だから」「この前の資料が良かったから」と理由をつけると率先して動いてくれます。

言い換え

before

「ちょっとは気を利かせて、自分から動いてよ」

after

ロジカル「これは君の役割ね」「この前の進め方が良かったから、あれでお願い」

ピース・プランニング「君は仕事が丁寧だから、次回からもこの仕事を頼むよ」

case 13

やらされ感で仕事をしている

何かを頼めば問題なくこなしてくれるが、仕事に対するモチベーションが感じられない。人の助けになるやりがいのある仕事なのに、それを理解してくれない。

やらされ感を出しつつ仕事をしていて、他のメンバーにも伝染しないか心配だし、そういう態度では対外的な仕事はさせられない。

case 13

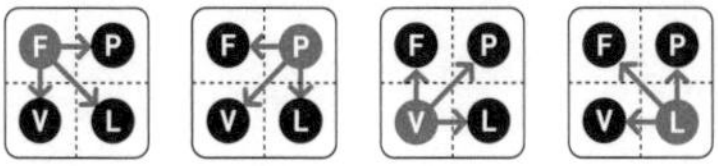

このケースにはまりやすいタイプ

上司…すべてのタイプ
部下…すべてのタイプ

細切れの仕事では目的が「こなす」ことしかない

単純作業や細切れの仕事ばかり振られることの多い若手は、どのタイプもこの状態に陥りがちです。**目の前の仕事が何につながるのか、どの仕事の一部なのかがわからないので、目標の設定が「仕事を片づける」になってしまいます。**

「こんな仕事をするために、この会社に入ったのではないのに」「この仕事はいつまで続くんだろう?」「もっとやりがいのある仕事がしたい……」という気持ちになってきて、どんどん仕事がつまらなくなります。

「人の助けになる仕事で、やりがいがある」といっても、それは高い立場から俯瞰的に事業全体を見ることができるからです。俯瞰的な目を持たない若手の部下には、具体的にどんなふうに人の役に立っているのか見えず、手応えもないのでわかりません。

そして、これが最も根本的な問題ですが、**日頃ほめられていないというのがモチベーションの上がらない大きな要因です。**毎日、上司から一方的に仕事を与えられ、きちんと完成させても特に感謝されるわけでもない、努力が報われない。それでは「自分は歯車の一つで、いつでも替えの利く存在」と自尊心を保てなくなってしまっても仕方がありません。

仕事の全体像を見せて要所でほめる

まず、採用後の早い段階で、各部署を回って仕事体験をするなどして、事業の全体像を見せることが大事です。この仕事とこの仕事がつながって、最終的にこれになるという流れがわかれば、自分が今どの部分の仕事をしているかが理解できます。

また、社内には多種多様な仕事があり、どの一つも欠かせないことを知ると、自分の仕事にプライドを持てるようになります。

そして、タイプ別に要所でほめ言葉をかけてあげてください。

ロジカルは具体的な成果をほめる。ビジョンは言葉に抑揚をつけて、「すごいね！」と賞賛の気持ちを目に見えるように伝える。ピースは結果ではなくプロセスに目を向けて「ありがとう」を伝えることです。

ほめ言葉は、即効性がある心の栄養剤です。退屈な仕事をしているときほど心が枯れていきやすいので、惜しまずに日頃からどんどん与えるようにしましょう。

case 13

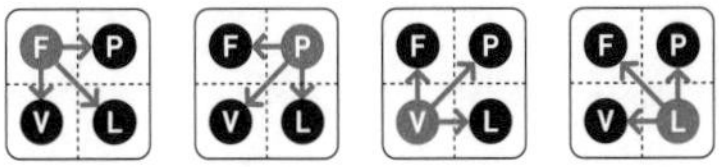

言い換え

before

「こんなにやりがいがある仕事をしているんだよ」

after

① 「この作業がこうつながっていくんだ」

② ロジカル「□□が○○でいいね」
ビジョン「これはすごいね！」
ピース「ありがとう」

case 14

大役を任せたのに不安そう

部下を大きな予算を扱うプロジェクトのリーダーに抜擢したところ、喜ぶかと思いきや「え、なぜ私なんですか?」と戸惑っている。

「大きな仕事をするのが嬉しくないの?」と聞くと、「嬉しいより、初めてのことなので不安です。失敗したときの損失も大きいですし……」と浮かない顔。

「君なら大丈夫だ!」と背中を押してみたが「……はい」とまだまだ不安そう。

case
14

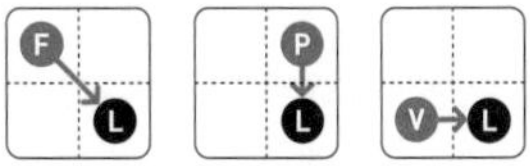

このケースにはまりやすいタイプ

上司…すべてのタイプ
部下…●ロジカル

「君なら大丈夫」は無責任に聞こえるロジカル

予算の大きな仕事に「抜擢する」ということは、それだけ部下に大きな期待を寄せているということ。予算が大きい分、失敗のリスクも大きくなりますから、それこそ信頼できる部下にしか任せられません。日頃の部下たちの仕事ぶりを見て、「こいつになら任せられる」と判断したのでしょう。だからこそ、「君ならできる！ 自信を持て」と励ますのもわかります。

ところが、その言葉は部下にとってプレッシャーでしかありません。なぜなら、**ロジカルの部下には「君ならできる」という言葉に根拠がないように思える**からです。

部下の頭の中には「何をもって大丈夫と言っているの？」「本気で言っているの？」「失敗したとき、どうなるの？」という不安がどっと押し寄せているのです。

あまりにプレッシャーが大きいと、失敗して会社に迷惑をかけてしまうことを考えて、退職願を持ってくるケースにも発展しかねません。

これがビジョンの部下なら「君はこの会社のエースだから、君を見込んで任せるんだよ」と言われれば、やる気に満ちて「はい！」と受ける可能性が高いでしょう。

しかし、ロジカルの部下はそうではありません。リスクの高い仕事を丸投げしてくる上司にしか見えないのです。

仕事を任せた「根拠」を伝える

この部下は「君ならできる」の根拠が怪しいと思っているので、まずはその根拠を説明しましょう。例えば、「この前のプロジェクトがとても良かった。あれと今回は予算の規模は違うけど、やることはほとんど同じ。だから、君ならできると判断して抜擢したんだ」というように、その部下を選んだ理由を伝えるのです。

ロジカルの部下にとっては、予算の規模が違うと「今までの自分のやり方では通用しない」と難しく考えてしまいがち。ですから、「今までと基本的にやることは同じ」「ぶっつけ本番で大きな仕事をさせるわけではない」ことを、きちんと言葉で伝えることが大事なのです。

すると部下は「ああ、そうか。上司はちゃんと自分の仕事を見ていてくれて、できると判断したんだな」「あのやり方ならできる」と納得し、前向きな気持ちになれます。

部下がその気になったら、ぜひ予算の割り振りや仕事の進め方について、具体的なアドバイスをしてあげてください。そうすれば、きっと期待に応えるような仕事をしてくれるでしょう。

case 14

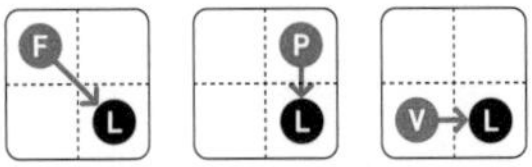

言い換え

before
「君ならできる！大丈夫だよ」

after
「この前の仕事を見て、大丈夫だと判断した」
「予算は違うが、やることは同じだ」

case 15

仕事を残して帰ってしまう

繁忙期の中、社員みんなで忙しくしていた。そろそろお迎えの時間も近かったため、小さい子どもがいる女性社員に、ねぎらうつもりで「無理しないでね」と声をかけた。

すると、「では、お先に失礼します」と言ってすぐに帰ってしまった。言ってしまった手前、引き留められないが、本当に帰るなんて……。

case 15

このケースにはまりやすいタイプ

上司…●ロジカル
部下…●ピース

「無理しないで」が「いなくていい」と聞こえるピース

これはロジカルとピースの言葉の受けとめ方の違いから起こるコミュニケーション・ギャップです。

ロジカルの人は上司から「大変だけど無理しないでね」と言われると、それをねぎらいの言葉と受け取って、「大丈夫です」「お気遣いありがとうございます」と返し、「もうひと頑張りしよう」と思います。

上司自身がロジカルなので、彼女にもそうした反応を期待して「無理しないで」という言葉をかけたのだと思います。

しかし、**ピースの人にはその言葉が「無理してまでいなくていいよ」というニュアンスに聞こえてしまいます。**

そのためこの社員は「必要ないなら帰ろう」と、帰る選択をしてしまったのです。自分が役に立たないと思って、悲しい気持ちになっていた可能性もあります。

このピースの受けとめ方を理解していると、この社員が無責任なわけではないことがわかります。

「ありがとう」を添えて伝える

ピースの人に残業を頑張ってほしいときは「無理をさせてごめんね。でも、助かっているよ。ありがとう」「お迎えの時間だけど、もうちょっと頑張ってもらえるかな」と言いましょう。

ポイントは、「あなたが必要だ」と伝えることと、感謝やねぎらいの言葉をかけることです。

そうすると、気持ちよく「はい、頑張ります!」と答えてくれます。さらに、その日の帰り際にも改めて「今日はありがとうね。とても助かったよ」と感謝の気持ちを伝えましょう。

このようにこまめに「ありがとう」を伝えることで、会社やチームでの存在感を感じます。

すると、仮に後日急な残業が入っても、「上司のためなら」「チームのために」と考えて、お迎えの時間を遅い時間にずらしたり、夫や両親などにヘルプを頼んだりなどのやり繰りをしてくれるでしょう。

case 15

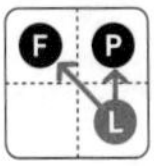

言い換え

before
「無理しなくていいよ」

after
「無理させてごめんね。でも助かるよ、ありがとう」
「お迎えの時間だけど、もうちょっと頑張ってもらえるかな？」

case 16

すぐ動く部下と動かない部下

部下に「これ考えてみて」という指示を出すと、Aさんは、即答はできないが翌日くらいには案を持ってきてくれる。でも、Bさんはいつまで経っても反応がなく、こっちも指示したことを忘れかけてしまうほど。

こちらからBさんに確認すると、本人も忘れている場合があったり、忘れていないが何も進めていない状態だったりする。どうすれば動いてくれるのか。

case 16

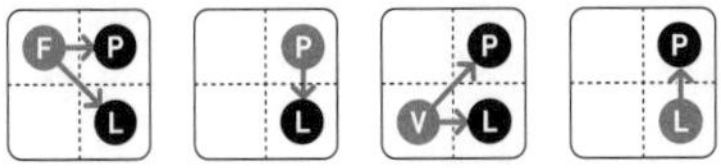

このケースにはまりやすいタイプ

上司…すべてのタイプ
部下…●ロジカル　●ピース・プランニング

「提出期限」を明示されない仕事は後回しにする計画重視タイプ

計画重視タイプ（ロジカル、ピース・プランニング）は、はっきりした指示と期限がないと動きません。

「この企画を考えてみて」とだけ言われた場合、これは仕事なのか、それとも検討するだけなのかと考えます。そのうえで**「別に期限を言われていないし、企画書にしろとも言われていないから、これは正式な仕事ではないな」と判断してしまう**のです。

そして本当に必要になったらちゃんと指示があるだろうと考え、一旦頭から外し、今やらなければならない仕事に没頭します。

しばらく経って、上司から「あの企画、考えてみてくれた？」と聞かれると、「え！あれって仕事だったんですか！」と、そこで初めて仕事の依頼だったと気づきます。頭の中は「いつ提出期限だったんだろう」「そんなこと聞いてないよ！」とパニック状態。

一方、臨機応変タイプ（ビジョン、ピース・フレキシブル）は「この上司なら、企画書がほしいって思ってるんだろうな」と人を見て、気を回して書類を提出する可能性が高いです。

ですから、ここでAさんのように「すぐ動く部下」と評価しているのは、仕事が速いのではなく気を回すことができる部下です。

Bさんのように「仕事しない」「仕事を忘れる」と思っている部下も、彼の能力の問題ではなく、正式な形で指示していれば、ちゃんと仕事を進めてくれるかもしれません。

期限と提出の有無を伝える

部下がどのタイプであっても、仕事の依頼なら**「いつまでに、この形式で、こういう内容のプランを」と、具体的な指示を出すこと**が混乱を避ける一番確実な方法です。

「言わなくてもわかっているだろう」という考えはNGです。あなたの性格や考え方をすべての部下が理解しているわけではないからです。

例えば部下への仕事の依頼用フォーマットを作っておけば、メールで一斉送信するだ

case 16

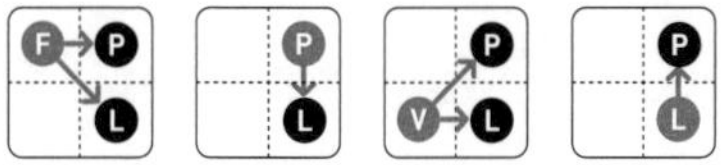

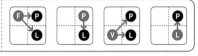

けの手間で済みます。頼んだはずの仕事が上がってこない……とモヤモヤ、イライラするよりも、ずっと心が楽になるはず。

なかなか動いてくれない部下がいたら、自分の指示を振り返ったうえで、具体的な言葉に変えていきましょう。必ず期限も伝えてください。

言い換え

before

「この企画考えてみて」

after

「この企画のアイデアがほしいから、来週水曜の14時までに、各自で企画書にして提出して」

case 17

チームへの帰属意識が低い

チームに指示を出しているのに、いつも他人事として捉えているのか、ほとんど無反応な部下がいる。

チームのあり方など大事な話をしているときも、他のメンバーは前のめりで聞いてくれるのに、その部下だけは無表情で乗ってこない。まったく聞いていないことはないとは思うのだが、聞き流しているのだろうか。

case 17

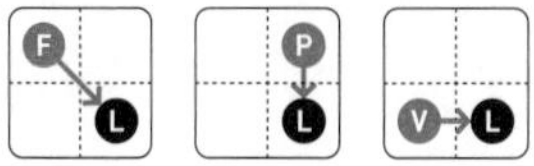

このケースにはまりやすいタイプ

上司…●ビジョン　●ピース
部下…●ロジカル

「みんな」という主語が届きにくいロジカル

チームのメンバーを集めて話をするとき、「みんなにはこうあってほしい」「みんなに期待している」など、主語が「みんな」になります。話し手としては、みんなと言いつつも個々にメッセージを発信しています。

しかし、**ロジカルは「みんな」と言われると、自分事として捉えにくい場合があります。**「自分もみんなの中に含まれてはいるが、私に向けての発信ではない」と理解する人もいるからです。

また、ロジカルの傾向として、ポーカーフェイスで人の話を聞く人が多いです。それは聞くことに集中しているのと、聞きながら情報を整理して、手順や論理を組み立てているからです。そのため客観的に見ると興味がなさそうだったり、やる気がなさそうだったりしますが、しっかり聞いていると思ってください。

ここが情報を感覚的に理解しようとするビジョンとは大きく違う点です。ビジョンやピースの人は、話し手の話が面白ければ笑うし、話の流れに合わせて頷きます。そのため、自分が人前で話す場合も、聞き手にリアクションを求めてしまうのです。ビジョンとピースは相手との共感や場の雰囲気を大事にしますから、相手からの反応が薄いと「この人は楽しくないのかな?」「理解しようとしてくれていないのかな?」と思ってしまいます。

しかし、ロジカルの人は反応がなくても、大事なことはちゃんと聞いていて心では反応しているので、心配しなくても大丈夫です。

主語を「君」や「○○の担当の人」にする

いつも反応が薄くて、こちらのメッセージが届いているか不安なときは、**主語を「みんな」ではなく、部下の名前で「○○さん」と直接呼びかけたり、本人の役職で「広報担当の人は」と対象を絞りましょう。**

すると、「自分のことだ」とわかりやすいので、自分事として話を聞いてくれるよう

case 17

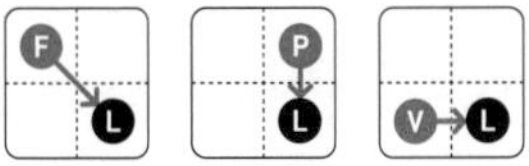

になります。

部下の反応や理解度を知りたいときは、「ここまでの話はＯＫ？」「これはどう思った？」と質問してみるのも効果的です。

きっとあなたが思っているより、しっかり部下の心には届いていると思います。

言い換え

before

「みんな、意識を持って取り組んでほしい」

after

「みんな一人ひとりが意識をもって取り組んでほしい。○○さん、どう思う？」

「これは○○担当の人に言うんだけど」

case 18

気遣いはありがたいが仕事をしてほしい

いつも先回りしてお茶を出してくれたり、コピーしてくれたりと、気が回る部下がいる。他の人が気づかないところで率先して動いてくれて助かる部分もあるが、自分の仕事が後回しになっているようにも見える。

気持ちはありがたいのだが、毎回やってくれる必要はないし、それよりも自分の仕事を進めてほしい。

case 18

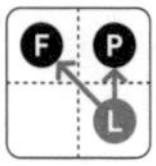

このケースにはまりやすいタイプ

上司…●ロジカル
部下…●ピース

上司のためになることをやりたいピース

ロジカルの人は役割分担を大事にするので、「自分のことは自分で」が当たり前です。ですから、お茶やコピーが必要なら自分でします。雑用係が決まっていれば、自分で担当者にその都度お願いをします。

それに対してピースは「そろそろ上司がお茶を飲みたいかも」「コピーを取ってあげると上司は助かるかな」と考えて行動します。これは人によっては気の利くいい部下になりますが、ロジカルの上司は「その暇があったら、自分の仕事をしてよ」と思ってしまいます。

売上などの「結果」を求めるロジカルと、人の調和や仕事のしやすさなどの「プロセス」を大事にするピースとのコミュニケーション・ギャップです。

わかりやすい例を挙げてみましょう。部下に「お昼を食べながらミーティングするから、お弁当を買ってきて」とおつかいを頼んだとします。

ロジカルなら、「どんなお弁当を何個買ってくればいいですか」と確認し、そのとおりに買ってきます。具体的にメニューや金額・数を決めてもらったほうが悩まずに買えるからです。

部下がビジョンなら、「わかりました！」と言って会社を出ていき、数種類の弁当を組み合わせて人数分買ってきます。そして、「各自で好きなものを選んでください」と言うでしょう。数種類あれば、好き嫌いがあってもどれかは食べられるという判断です。

一方ピースの部下は「ミーティングのメンバー（誰が食べる弁当なのか）」を確認して、それぞれの好みや年齢などを考えて弁当を買ってきます。若い男性が多ければガッツリ系、女性が多ければ野菜多めにするなど、食べる人に喜んでほしいからです。

そのくらいピースの人は、人の役に立つことに力を注ぐ傾向が強いのです。

「自分の仕事を優先したほうが助かる」と伝える

ピースは上司の喜ぶことをしたいと思っているので、自分のお茶出しやコピー取りが

case 18

上司をモヤモヤさせていると知るとがっかりしてしまいます。ですから、「お茶出しは不要」と伝えることはやめましょう。

まずは「いつもありがとうね」と言い、そのうえで**「お茶くらいは自分でするよ。君は自分の仕事をして。そのほうが私は嬉しいな」と言えば、「そうか、今は仕事をすることが上司のためになるんだ」と理解して、仕事に励んでくれます。**

あなたの仕事に余裕があるときは、「一人でできる？最初だけ一緒にやろうか」と気遣うとさらにやる気がアップします。

言い換え

before
「そんなことより自分の仕事をしてよ」

after
「ありがとう。でも、自分の仕事をしてくれたほうが嬉しいな」

case 19

具体的な目標がない

面談で「目標は？」と聞くと、「会社の役に立ちたい」「お客様に満足してほしい」など曖昧な言葉ばかり。

心意気は大切だが、具体的な目標を立てて数字として結果を出してほしい。向上心がないのだろうか……。

case 19

このケースにはまりやすいタイプ

上司…●ロジカル
部下…●ピース

自分の目標を立てるのが苦手なピース

ロジカルにとって仕事で目標を立てるのは当たり前の感覚です。ですから、面談でも「今期の目標を聞かせて」と質問します。部下から曖昧な答えしか出てこないと「向上心のない部下」というように見えます。

しかし、**ピースは相手軸で物事を考えるので、自分の目標を立てることは基本的に苦手です。**「会社やチームの目標達成のために自分がどう役に立てるか」のほうがイメージしやすく、力を発揮しやすい傾向があります。

一般的な目標は「営業で成績を残したい」「売れる企画を立てたい」といった「結果を出す」ことが多いでしょう。しかしピースは目的やプロセスを重視しているため、単に結果だけを求められると答えに窮してしまうのです。

このケースでは、部下は「会社の役に立ちたい」「お客様に満足してほしい」と答えています。ロジカルにしてみれば、「そんな抽象的な目標は『目標』とは言えない」と切り捨てがちですが、ピースの部下にとっては大まじめな目標です。

人の役に立つことが喜びであり、それが自分の存在価値だと考えるからです。

まず、彼には目標がないのではなく、自分が望むものとは違う目標の捉え方があることを、理解してあげてください。

一緒に目標を具体化していく

では、実際の面談の場面でどうすればいいかというと、まずは部下の目標をこちらも真剣に受け取ったということを伝えてください。「なるほど、君の目標はお客様に満足してもらうことなんだね」と理解する姿勢を見せます。

そして、会社やチームの目標を伝えましょう。今どんな目標があってどんな取り組みをしているのかを話します。そのうえで、ピースに何を求めているのかを話すのです。

例えば「今期は新商品の開発を強化していきたくて、君には積極的に企画案を出してほしいと思っているのだけど、どう思う?」と、こちらが求めていることを伝え、同時

case 19

に本人の気持ちも確認してください。

ピースの部下は、自分に求められているものが何かが明確になり、**自分の立ち位置や役割を考えるので、目標を立てやすくなります**。

また、ビジョンの場合は、ぼんやりしているイメージを明確化させるために、ざっくりとオープンクエスチョンから聞いていきます。例えば「どんな事やってみたい？」と尋ねて、一旦自由に話してもらい、「なるほど、それは面白いね。その場合○○はいつ頃までに準備するイメージなの？」など、話を引き出して整理しながら具体的な行動計画に落とし込むといいでしょう。

言い換え

before

「もう少し具体的な目標を言ってくれる？」

after

「今こんなことをしようと思っていて、君にはこうしてほしいと思っている。どう思う？」

case 20

自分の意見を言わない

いつも会議で発言しない部下がいる。部長もいる会議だから仕方ないかと思いつつも、意見がないのは良くない。

ただ、後で本人に「さっきの会議だけど、あの件はどう思った？」と話を向けると「部長はああ言っていましたけど、こうしたほうがよくないですか？」と言ってくることがある。意見があるなら、そのときに言ってくれればいいのに。

case 20

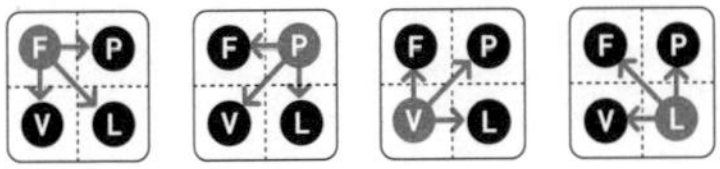

このケースにはまりやすいタイプ

上司…すべてのタイプ
部下…すべてのタイプ

失敗できない風潮とタイプ別の理由

タイプ以前に最近の風潮として、若い世代は多くの人の前で自分の意見を主張しない傾向があります。**波風を立てたくない、目立って叩かれたくない、間違ったことを言って恥をかきたくないという意識が、昔よりも強くなっているのです。**

これは、失敗を許さない世の中の影響を受けているからです。その結果、面談でも個別に行う1on1が増えています。

とはいえそれにも限度があって、会議の場で意見があるのに「言わない」「言えない」というのは放っておけません。現場や若手の意見は会社にとっても貴重ですから、どんどん言ってほしいところです。

またこの場合、タイプ別に意見が言えない理由もあります。

まずロジカルは急に指名されて意見を求められると、即座には答えられない傾向があります。しっかり考えて発言したいと思っているからです。

ビジョンは比較的、その場で自分の意見や感想を言うことは可能です。特にアイデアがあるときは、上層部に直接聞いてもらえるチャンスと思い、「あの、ちょっと僕のアイデア聞いてもらっていいですか？」と言う積極性も持ち合わせていたりします。しかし、興味がなかったり、上層部の話し合いで自分の意見が通らないと思うと一気に消極的になります。

ピースの場合は、相手やその場の雰囲気に合わせて、求められている答えを言おうとする傾向があります。大勢の前で注目を集めることも苦手なので、控えめな意見にとどめることもしばしばです。

全体的にどのタイプも、成功体験があるかないかで発言に差が出てきます。

タイプ別に意見をしやすい環境をつくる

まずは今の若い世代は会議で意見を言うことが苦手だと認識したうえで、タイプ別に意見が言いやすい環境をつくってあげることが大切です。

case 20

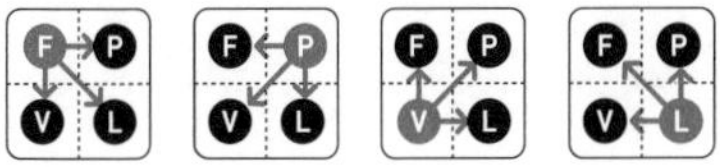

ロジカルの場合は、事前に意見を求められることがわかっていたり、質問前に数分でも考える時間があれば、意見を整理して発言することができます。

ビジョンの場合は、会議を「上層部の話し合い」と思わせず、自分事として捉えてもらうことが大事です。アドリブでも答えられるので、「間違っていても構わないから、君の意見を聞きたい」とその場で指名して答えさせてもいいでしょう。

ピースの場合は、小グループでの会議や個別でのヒアリングが有効です。

言い換え

before

「自分の意見を積極的に発言して」

after

ロジカル「考えをまとめる時間を取るから、後で聞かせて」

ビジョン「間違っていてもいいから聞かせて」

ピース「みんなで意見を出し合って、一緒に作り上げていこう」

Chapter 4

モチベーションが下がっているときの伝え方

case 21

つらいテレアポで元気がなくなっていく

入社して3カ月が経ったが、新入社員の元気がない。最初はあんなにやる気に燃えていたのに……。

他の社員に聞くと、「思い描いていた仕事と違う。もっと輝かしい仕事かと思っていたのに、テレアポ地獄で嫌気がさした」とこぼしているそう。

テレアポがつらいのもわかるが、誰もが通る道であるし、どうにかやりがいを見つけて頑張ってほしい。

case 21

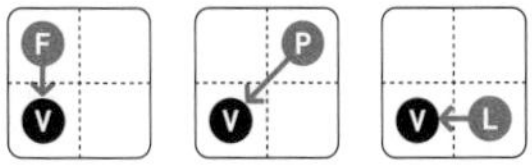

このケースにはまりやすいタイプ

上司…すべてのタイプ
部下…●ビジョン

「可能性が感じられない仕事」がビジョンには苦痛

テレアポのことを最近はインサイドセールスといいますが、呼び方は変わっても仕事のストレスは昔と変わりません。基本的にお客様に断られる仕事なので、地味でありながら精神的にもダメージを受けます。断られ続けると「この仕事は自分には合わない」と自信をなくしてしまうのも自然なことです。

しかし、世界的なブランドの会社でも、日々の仕事というのは地味なことの積み重ねで、ほとんどは日の目を見ないものです。いつか大きな仕事、花形の仕事をするためには、そういう小さな仕事をコツコツとこなしていく時期も必要です。

とはいえ、自信を失っている部下に正論を言っても、「やっぱり自分には無理だ」と自己否定を強めてしまうか、「自分の頑張りが足りない」と追い詰めてしまうかです。

また、この部下のように**ビジョンは「未来が見える」「可能性を感じる」ことでモチベーションが上がります。**逆にいうと、「この仕事が将来につながると思えない」「自分のためになるのかわからない」と感じると、途端にモチベーションを失ってしまいます。つまり、「テレアポの仕事が自分にとって何の意味があるのか」がわからないのです。

将来につながることと可能性を伝えてあげる

ビジョンのモチベーションを上げるには、その仕事が将来につながると示すことです。例えば、「テレアポの経験が、営業に出てバリバリ活躍するときに役立ってくるよ」や「この苦労をわかっている者は、現場に出たとき強いよ」など、将来にどうつながるかを見せるのです。

あるいは、「営業のエースの○○さんも新人のときは君と同じだったんだよ」というように、輝いている先輩を手本として見せるのも効果的です。

ちなみに、もし部下がロジカルだったら「まずは3カ月、1日○件の架電と○件のアポ取りに集中しよう。やり方をもう一度確認しようか」というように、期間と等身大の目標提示、そしてやり方の確認という具体案が響きます。

ピースの部下なら、時間を作ってしっかり話を聞いてあげることが大事です。大変さに共感して「君の頑張りがチームを支えているよ。いつもありがとう」というように、チームの役に立っていることに感謝してねぎらうことで意欲が高まります。

このように声掛けの工夫だけで部下を元気にできるので、対面で話せないときでもリモートでの部下のモチベーション管理が可能です。

言い換え

before

「みんなテレアポから始めるんだ。これを乗り越えて一人前になるんだよ」

after

「テレアポの苦労を知っていると営業に出たときにすごい活躍ができる」
「みんなが挫折する仕事を乗り越えられたらすごいよ」
「あの先輩もテレアポ時代を乗り越えて今があるんだよ。君なら大丈夫！」

case 21

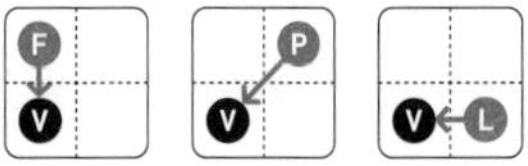

case 22

チームの中で一人だけ態度が悪い

チームで動いているのに、一人やる気がない部下がいて、結局重大なミスにつながってしまった。みんなの前で注意しなければ示しがつかないと思い、会議中に「他のみんなは頑張っているんだぞ！」ときつく叱ったが、態度が変わらない。どう言えば響くのか。

case
22

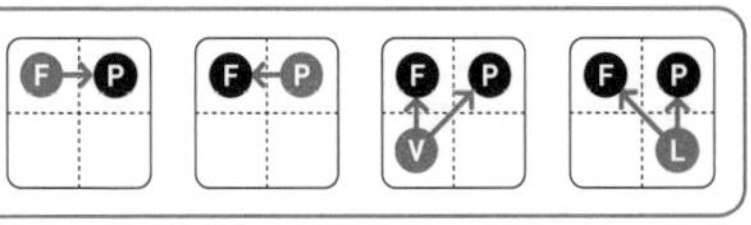

このケースにはまりやすいタイプ

上司…すべてのタイプ
部下…●ピース

大きな声での叱責に心を閉ざしてしまうピース

人に迷惑をかけるのが嫌いなピースは、基本的にはチームの足を引っ張りたくないと思っています。しかし、他のメンバーとコミュニケーションがうまく取れなかったり、仕事の流れがわからなかったりして孤立すると、一気にやる気と自信を失ってしまいます。「チームのために」という張り合いがないので、仕事の効率も上がらず、アイデアもなかなか出てきません。

また、**ピースの人は大きな声や音が大嫌いです。**怒鳴り声もダメですし、扉を「バタン！」と閉める音などもダメ。ビクッとして、誰か怒っているのか気になってしまうほど。それが自分に対する声や音でなくても、そばで聞いているだけで気持ちがしぼんでしまうのです。

そのため、大きな声で叱られると、なおさら萎縮してしまい、話の内容が入ってきません。

ですから、このケースのように「みんなの前で怒られる」「大きな声で叱られる」というのはストレスだけがかかり、改善ややる気にはつながりにくいのです。

個別にじっくり話を聞いてあげる

この場合は、**個別に呼び出してやる気がない理由を聞き、原因を探ること**です。チームのみんなには「本人とゆっくり話してみる」と言えばよくて、わざわざみんなの前で叱るところを見せる必要はないでしょう。

静かな場所に呼んで、「どうして仕事に身が入らないの？　何かあったの？」と聞いてあげてください。怒っているのではなく、「チームのみんなも私も心配しているんだよ」というほうが心を開きやすくなります。

ピースの人が本当に落ち込んでいるときは、すぐには口を開きません。それを覚悟して、急かすようなことは言わないこと。5分間の沈黙は想定の範囲と捉え、沈黙に付き合ってみてください。

case 22

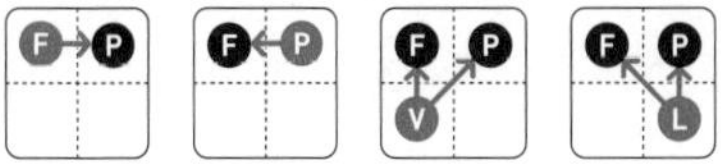

こちらが黙って待っていると、「ちゃんと聞いてくれるつもりなんだな」と思って、ぽつりぽつりと話し出します。そのとき、いろいろと思うことはあったとしても、**まずは「うん、うん」「そうか、君はそう感じたんだね」というように、否定せずに聞き役に徹するのがポイントです。**

そして、話がひと区切りしたら、「話しにくいことを話してくれて、ありがとう」とねぎらいます。そうやって話を聞くだけでも、だいぶ部下の態度が変わるはずです。

原因が見えてきたら、一緒に対策を考えてあげましょう。

言い換え

before

「なぜできないんだ！　君のせいでミスが起きたじゃないか！」

after

「困っていることを話してくれるかな？　みんなも私も心配しているよ」

「話してくれてありがとう」

case 23

率先して雑用係をしていたのに不満が爆発

数名のチームで仲良く仕事をしていたはずが、急に一人のメンバーが「聞いてほしいことがある」とすごい剣幕で言ってきた。理由を聞くと「ゴミ捨てなどの雑用を全部やらされていて、それをみんな当たり前だと思っているから自分が休んだ日はゴミがそのまま。出勤してきてゴミを捨てに行くとき、みじめな気持ちになります」と言う。

よく気づく子だし、喜んでやってくれているものだと思っていたのに。

case 23

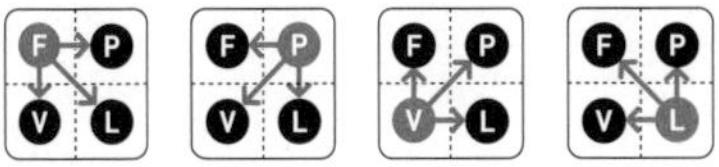

このケースにはまりやすいタイプ

上司…すべてのタイプ

部下…すべてのタイプ

怒っているポイントを知る

ゴミ捨てや来客後のコップ洗い、配達物の受け取りなどの「名もなき雑務」は、役割分担を決めるのを忘れがちです。その場の空気を読んだ誰かがやっていて、それがいつの間にか「その人の仕事」として固定してしまっていることがあります。

周りはその人が進んでやってくれていると思っていますが、**実は「仕方なく」やっていて、本人の中では納得いかないモヤモヤが溜まっていたりします。**そして、限界がきて急に辞めてしまうこともめずらしくありません。

このパターンは、どのタイプの部下でも起こり得ますが、タイプによって怒りのポイントや理由がまったく違います。

平等重視のロジカルは「チームのメンバーはみんな平等のはず……。なのに、どうして私だけやらされるの？」と平等でないことに納得がいきません。

未来志向のビジョンは、「こんな地味な仕事ばっかり押しつけて。私をみじめな気持ちにさせないで」と輝けないことに不満を募らせます。

人の役に立ちたいピースは、「私が頑張っても誰も認めてくれない。感謝もされない。私がチームにいる意味ある？」と感謝されないことに傷つきます。

部下のタイプに合わせた「労い」の言葉

まず、**いずれのタイプの部下に対しても「今まで仕事を押しつけてごめんね」と謝ることからスタートしましょう。**そして、対策を講じることを伝えましょう。

ロジカルには「今後はきちんと役割分担をするからね」と約束します。そうして「この部分は○○さんの仕事ね」と役割を明確にすることで納得してくれます。

ビジョンには、みじめな気持ちにさせないことが大切。「見えないところですごく頑張ってくれてたんだね。本当に申し訳ない！　もう任せきりにしないからね」と、感情が伝わるように表情や身振り手振りなども加えて、抑揚をつけてしっかり謝り、すぐに対策を講じることを伝えてください。ビジョンは切り替えが早いので、気持ちが十分に

case 23

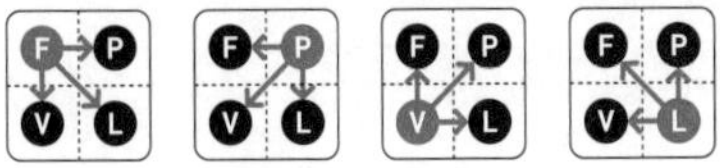

伝われば、また仕事に向かってくれるでしょう。

ピースには、「君のおかげで今まで助かったよ。ありがとう」とねぎらいと感謝を伝えてください。その後も毎日こまめに「ありがとう」を言い続けましょう。すると、自分が役に立っていると安心できて、チーム内に居場所を見つけられます。

言い換え

before

「喜んでやってくれていると思ってた」

after

ロジカル「一人に任せて申し訳なかった。明日から役割分担はこうしよう」

ビジョン「すごく頑張ってくれていたんだね。本当に申し訳ない！　もう一人でやらなくてもいいからね！」

ピース「話してくれてありがとう。君のおかげで今まで助かったよ。みんなで協力してやっていこう。これからはいつでも相談してね」

case 24

盛り上がっているときに水を差してくる

企画会議で「こんなふうにすると面白くない？」「こっちもいいよね」とチームが盛り上がっているとき、いつも「それだと予算、超えません？」「誰がやるんですか」など水を差してくる部下がいる。「今、大事なところだから後にして」と言うと、部下はむっとした顔をする。

せっかく盛り上がっているのに、どうして場の空気がしらけることを言うのだろう。

case
24

このケースにはまりやすいタイプ

上司…●ビジョン　●ピース・フレキシブル
部下…●ロジカル　●ピース・プランニング

現実的な問題をクリアにしたい計画重視タイプ

ビジョンやピース・フレキシブルのように臨機応変タイプが企画を練るときは「あれもいい、これも面白そう」というように、どんどん話が広がっていく傾向があります。Aのプランを話し合っていたはずが、いつの間にか「こっちもいいよね」とBのプランに移っていて、そうかと思うと「こういう可能性もあるよね？」などレジュメに載っていないCのプランが飛び出してきたりします。

それを見ている**計画重視タイプのロジカルやピース・プランニングは、「今、どこの話をしているの？」「この話はどこに向かっているの？」と置きざりになってしまいがち。**

だから、「さっきのAの話はどうなりました？」「Aの可能性はあり？　なし？」と聞かずにはいられません。臨機応変タイプの中では、Bの話をしているということは、A

の話は一旦保留という認識ですが、それが計画重視タイプには伝わっていないのです。

また、どの企画に決まるにしても「人手・予算・時間・場所などが実現可能かどうか」は大切な問題です。特に計画重視タイプはゴールまでの段取りが見えないと不安なので、細かく確認をします。

ところが、質問すると「今、大事なところだから後にして」と言われてしまう。部下は「じゃあ、私の質問は大事ではないのか」と気分を害してしまうのです。

自分にはない視点として受けとめる

臨機応変タイプにしてみれば、「水を差された」と感じますが、もし計画重視タイプのメンバーがいなければ、話は広がるばかりで計画が形になりにくくなるでしょう。

そういう意味では、自分とは別の視点で「現実」を見てくれる部下は、とてもありがたい存在です。

まず、臨機応変タイプの人は、**「今、どのプランについて話しているのか」を明確にするよう意識しましょう。**「Aは一旦保留にして、Bを検討してみよう」という補足をすると、計画重視タイプも話についていくことができます。

case 24

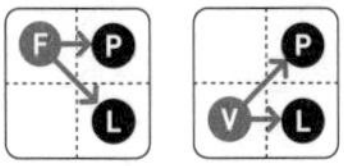

また、「それ、どうやって実現するんですか?」などと質問がきたら、貴重な意見として受け取ってください。「それは重要な質問だね」「それも話し合わないといけないね」といった言葉をかけるといいでしょう。

きっとお互いが足りない部分を補填することで、建設的な話し合いができ、企画もより具体的に詰めていけるでしょう。

言い換え

before

「今、大事なところだから、質問は後にして」

after

話しているとき「Aの話は一旦保留にして、Bの話をしよう」

質問されたとき「良い質問だね、それも後で話し合おう」

case 25

1on1ミーティングをしても話してくれない

部下と一対一の面談を定期的に行っているが、「最近どう？」「会社は好き？」「何か聞きたいことはある？」と尋ねても、「元気です」「大丈夫です」「特にないです」など、これといった反応が返ってこない。

本当に困っていることがないならいいが、自分のことを信頼していないのか、面談のようなかしこまった場が良くないのか、心配になる。

case 25

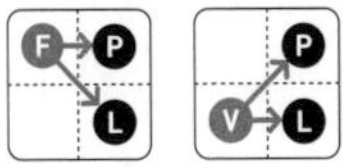

このケースにはまりやすいタイプ

上司…●ビジョン　●ピース・フレキシブル
部下…●ロジカル　●ピース・プランニング

オープンクエスチョンは苦手な計画重視タイプ

「最近どう？」「職場の雰囲気はどう？」などの漠然とした質問のことを、オープンクエスチョンといいます。このように間口の広い質問を投げかけて、相手の反応を見ながら質問を掘り下げていくのは、臨機応変タイプが得意な聞き方です。

相手が同じ臨機応変タイプなら、その場で答えを考えて「いい感じです」とか「う〜ん、今一つですね」などの返答をしてくるので、「どういうところがしっくりこない？」と具体化して話を広げることができます。

それに比べて計画重視タイプは「アドリブで即座に答える」ことが好きではありません。「最近どう？」と聞かれると、「最近って仕事の進捗のこと？」「新規案件？」「何についての最近？」と考え込んでしまいます。どう答えていいかわからないので、沈黙や「大丈夫です」というような素っ気ない回答になってしまい、そこから話が先に進みません。
つまり、オープンクエスチョンを投げている限り、この部下の悩み事は聞き出せません。

クローズドクエスチョンを投げかける

計画重視タイプの部下は、そもそも上司と仕事の話をしたいのであって、「プライベートな相談や人生相談はするつもりがない」という線引きがしっかりあります。臨機応変タイプは家族などプライベートな話も世間話としてしますが、計画重視タイプにはそれが「余計なおしゃべり」に思えてしまいます。

ですから、**単刀直入に「今、仕事上で困っていることはないか」「プロジェクトの進捗は予定どおりか」「チーム内の人間関係でコミュニケーションを取りにくい人はいないか」などと聞くのがよいでしょう。**すると、答えるべきことが明確なので答えやすくなります。

さらにいえば、事前にメールで「何についての面談か」「何を聞きたいか」を部下に伝えておくといいでしょう。そうすることで、その質問に対する答えや意見をまとめてから面談に臨むことができるからです。

この1on1の方法は、採用面接にも使えます。今はリモートでの面接も増えていますが、オープンクエスチョンとクローズドクエスチョンの使い分けで、初対面の応募者からの情報収集もスムーズにできるようになります。最初にオープンクエスチョンをしてみて、答えにくそうならクローズドクエスチョンに切り替えるのも一つの方法です。

case 25

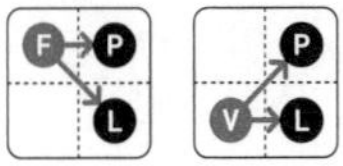

言い換え

before
「最近どう？」

after
「今やっているプロジェクトは順調？」
「職場の人間関係で気になることはない？」

case 26

リモートで部下の状況がわからず不安

リモートワークの導入で、部下の管理ができず不安。相談もしづらいだろうと思い、Ｚｏｏｍでずっと画面をつないでおいたり、朝にチャットでコミュニケーションを取ったりと接点を増やしてみた。

それでも部下の作業がはかどっておらず、逆に悩みも増えている様子。他に何を使えばいいいんだろう。

case 26

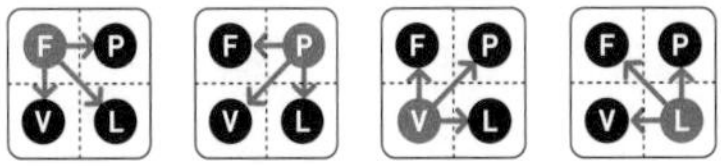

このケースにはまりやすいタイプ

上司…すべてのタイプ
部下…すべてのタイプ

Zoomをつないでおけばいい、わけではない

リモートワークをしていると、相談に乗ってあげたくても、近くにいないので会話のタイミングが難しいものです。ちゃんと仕事をしているのか、どこかでミスしていないか、ふさぎ込んでいないか……上司の不安も溜まっていきます。

そこで基本的な業務報告や定例のミーティングなどを行ったうえで、足りない分をZoomやチャットで補うのはとても良い方法です。ただし、仕事中いつでもつなげられるようにZoomを開いておく方法は、タイプによって当たり外れがあります。

ピースの多いグループの場合は有効なときもあるでしょう。仲間意識を絶やさずにいることが、ピースにはエネルギーになるからです。

一方で、ビジョンやロジカルはとても嫌がります。**つきっきりで管理されると息苦し**

く感じ、これがストレスになって「リモハラ」とまで思われる恐れもあります。

タイプ別にモチベーションを保つ一言

リモートで最も大事なのは部下のモチベーション管理です。モチベーションさえあれば、多少の苦難や不便は自分で工夫して乗り越えられます。ですから、**部下のタイプに合わせて、モチベーションを引き上げる言葉を投げかければＯＫ**です。

ロジカルの部下は、急な面談や打ち合わせはペースを乱されるのでストレスになります。事前に本人にアポイントを取り、打ち合わせ内容を事前に伝えておきます。プライベートな話や雑談は不要なので、「困っていることはない？」「あの案件は順調にいってる？」など、仕事の話に絞って本題から聞いてください。上司とのコミュニケーションの主眼は「用件の連絡」なので、用件がないときは一人にしても気にしません。

ビジョンの場合は、小さな頑張りでもとにかくほめること。わざとらしくても多少ほめすぎでも構いません。ほめることでビジョンのパフォーマンスが上がり、並外れた結果につながることはよくあることです。

ピースは考えていることや感じていることを相手と共有したいので、話を聞いてあげ

case 26

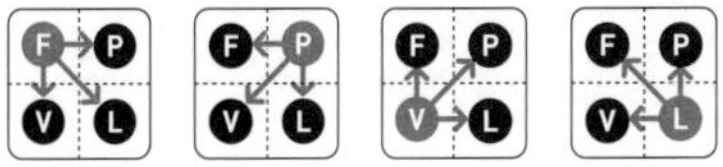

ることが大事です。話が長くなりやすいですが、頷きながらしっかり聞いてあげましょう。ときには愚痴っぽくなりますが、共感することが大切。「こうすれば？」という答えは求めていません。5回をめどに会話のキャッチボールをしましょう。

そうしていろいろ話しているうちに、あなたの考えや気持ちを理解して仕事に活かしてくれます。たまに「ありがとう」と部下の仕事への感謝も伝えましょう。

言い換え

before

「何かあったらチャットで報告して」

after

ロジカル「この前の指示でわからないところはある？」「○日に時間つくれる？」

ビジョン「この前のプレゼンすごく良かった」「次の企画会議も期待してるよ」

ピース「いつも頑張ってくれているけど、つらいことはない？」「いつもありがとう」

case 27

残業をお願いしたら露骨に嫌がる

今日中にやってほしい作業があり、いつも定時で帰る部下にお願いしなければならない状況になった。心苦しいが仕方がない。「悪いけど、今日は残業お願いできる?」と丁寧にお願いしたのだが、かなり不満な顔をされた。

仕事だし、そこまで大変な作業でもないのに……。

case 27

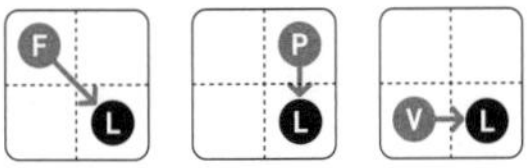

このケースにはまりやすいタイプ

上司…すべてのタイプ
部下…●ロジカル

先約を優先するロジカル

今は働き方改革もあって、定時で退社するというのが当たり前になりつつあります。若い世代の人たちは定時退社して趣味の時間にあてたり、副業したり、キャリアアップの勉強をしたりするのが最近の傾向です。

そんなふうに仕事以外の用事も多いので、残業は非常に嫌がります。特に先約がある場合の「急な残業」は困ってしまいます。

中でも**ロジカルは物事の計画や優先順位がきっちり決まっている**ので、通常、すでに先約がある場合の残業はＮＧです。

ロジカルが先約を優先することが、よくわかるエピソードがあります。

私の高校時代の話ですが、ある朝、親友と私とで「今日は一緒に帰ろう」と約束していました。ところが、昼休みに親友の彼が教室にきて、「今日は部活が休みになったから、一緒に帰ろう」との誘いが。普段、ハードな部活の彼とはなかなか一緒に帰れないため、「彼女はきっと彼と帰るほうを選ぶだろうな……」と思っていたのですが、なんと、「今日は友達と帰る約束してるから、一緒には帰れない。ごめん」と彼の誘いを断ったのです。

私の親は、私が5歳の頃から客商売をしていて、土日は特に忙しく、約束はどうしても二の次になることが多かったため、私は「約束は絶対ではない」と思うところがありました。そんな私にとって、「先約」を優先してくれた彼女の行動は予想外であり感動的でした。これは私の人生観を変えたエピソードでもあります。

後に性格統計学で調べてみると、その親友のタイプはロジカルでした。

計画重視タイプで、特にロジカルの人は「先約」が優先で、先約相手の了承を得ずに別の予定を入れることは稀です。ですから**自分の承諾なしに後から割り込まれて予定変更されることは想像以上にストレスに感じられてしまうのです。**

残業にかかる時間と量を明確にする

とはいえ、どうしても残業を頼まなければいけない場面もあります。そのときは、ま

case 27

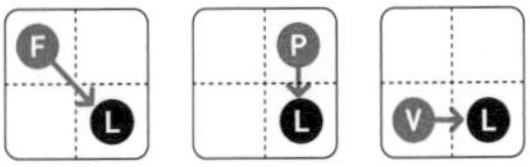

ずどのタイプにも、「こんな退社間際の時間に申し訳ないんだけど」の一言が必要です。

そのうえで、ロジカルの部下には、「どれくらいの作業量なのか」「何時までなのか」を明示しましょう。一時間で終わるとわかれば、受け入れてもらいやすくなります。

ビジョンには、手振りなども入れつつ「本当にごめん！ でも君に手伝ってもらえると助かるんだ！」と必死感をアピールします。すると快く引き受けてくれるはずです。

ピースの部下には、「お世話になっている取引先からの急な依頼で……」などの理由を説明すると、「ああ、あそこの依頼は断れないですよね」と理解を示してくれるでしょう。

言い換え

before

「突然だけど、残業お願いしていい？」

after

「急に申し訳ない。一時間で終わる仕事なんだけどお願いできるかな？」

case 28

人知れず悩みを抱え込んでしまう

いつも明るく振る舞っていて、仕事もよくやってくれていた部下が突然「辞めたい」と言い出した。話を聞いてみると、仕事でかなり追い詰められ、精神的に参っていたらしい。

相談してくれたら、アドバイスをしたり仕事を減らしたり処置ができたのに……。今から引き留めるのは無理だろうか、どうしたら相談してもらえたのか。

case 28

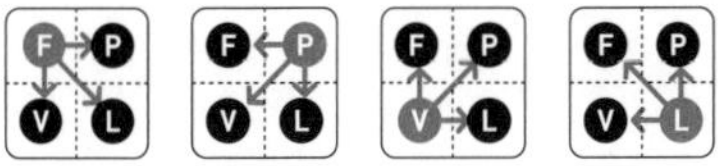

このケースにはまりやすいタイプ

上司…すべてのタイプ
部下…すべてのタイプ

追い詰められると孤独になっていく

一人で悩みを抱え、パンクしてしまうのはよくある話。どのタイプにも起こり得ます。まじめで頑張り屋の部下や、今まで失敗してこなかったエリートの部下ほど、悩みを人に打ち明けることができず、自分でどうにかしようと思っているうちに心身ともに疲れ果ててしまうのです。

心が疲れてくると「頼れるのは自分だけ」「結局は一人」という思いが強くなり、人を頼ったり、信じたりすることが難しくなり、余計に相談できなくなるのです。

限界を超えて気持ちが切れてしまうと、何もかもダメな気がして「もう仕事を辞めるしかない」と思い込んでしまいます。それでこの部下も、退職届を書く寸前まで追い詰められたのでしょう。

ギリギリまで追い詰められているときは、次の3つの処置が最優先です。

①仕事の量を減らす

②休養を取らせる

③安心させる

安心させるというのは、例えば休んでも戻ってくる場所があることや、降りた仕事はチームでバックアップすると約束することなどです。

向き合う姿勢を見せて信頼を取り戻す

3つの処置を十分に行ったうえで、もしとどまってくれる意思があれば、タイプ別に声掛けをすることで徐々に信頼を取り戻すこともできます。

ロジカルの場合は、今後の仕事量や進め方について、会社としてどのように善処するのかを具体的に説明して、気持ちを軽くしてあげてください。

ビジョンの場合は、「そこまで一人で頑張っていたなんて、すごいことだよ」と声をかけることで、心の内を吐露しやすくなります。つらいことを打ち明け始めたら、「そうか、たしかにそうだね」と気持ちや考えを肯定することで、少しずつ固まった心がほ

case 28

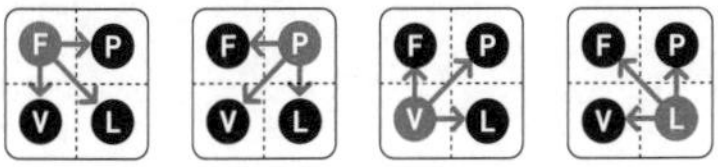

どけていきます。

ピースの場合は、気持ちのガス抜きが大切です。こちらからいろいろ話すのではなく、まずはゆっくり話を聞いてあげてください。そして、「ここまで頑張ってくれてありがとう」と感謝も伝えましょう。

いずれのタイプも一度の対話で気持ちが変わることはないかもしれません。**何度か話しているうちに部下自身の中で整理がつき、物事を客観的に考えられるようになるでしょう。**時間をかけても、ゆっくり向き合うことが大切です。

言い換え

before

「辞めるなんて言わないで、考え直してよ」

after

ロジカル「今後はこういうふうに改善するよ」

ビジョン「そこまで一人で頑張ってきたんだね、すごいことだよ」

ピース「ここまで頑張ってくれてありがとう。よかったら話を聞かせて」

case 29

メンタルが弱くてすぐ落ち込む

たまに入るきついクレーム電話を受けると、毎回ひどくショックを受ける部下がいる。自分自身が悪いわけではないし、うまく受け流したらいいのに。

話しかけづらくなるし、本人もその後の業務に支障が出ている。あまり落ち込まなくなる方法をアドバイスしてあげたい。

case
29

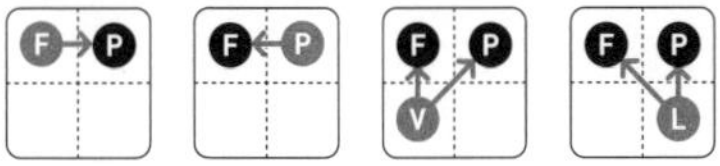

このケースにはまりやすいタイプ

上司…すべてのタイプ
部下…●ピース

共感性が高すぎて気に病んでしまうピース

ピースの人は共感性が高い分、**クレームを聞かされたり、チームがギスギスしていたりすると、それが自分のせいでなくても気に病んでしまい、体にダメージを受ける**傾向があります。

それは相手軸のため、相手やその場から発せられる鋭いトゲを無意識にキャッチしやすいからです。

ロジカルの人は、基本的に仕事とプライベートは分けて考えるので、自分のミス以外のクレームは切り分けて考えるでしょう。

ビジョンの人は、共感力は強いほうですが、そのときはダメージを受けても気持ちの切り替えができ、後々まで引きずらないケースが多いです。というのも、ビジョンの人は場面ごとに頭を切り替えるのが得意だからです。

クレームを聞いているときは相手の言い分に耳を傾け、共感しながら聞いているのですが、電話を切って別の仕事になると、そこで場面を切り替えられます。クレームのことは一旦、頭の隅に置きながらも目の前の仕事に没入します。ちょうどドラマの場面転換のようです。

このように切り分けて考えるロジカルや、切り替えられるビジョンは、人にアドバイスするときも「聞き流せばいいんだよ」「自分のせいではないんだし」と軽く言いがちですが、ピースにとってはそんなに簡単なことではありません。

「心を使って聞かない」とアドバイス

ピースに言えることは、「クレームは心を全部使って聞かないほうがいい」ということ。ピースの人は自分の気持ち100％で相手を受けとめようとしてしまうので、気をつけたいところです。

具体的な声掛けとしては、**「8割程度の心で聞くといいよ」**と言うと、ピースの部下もわかりやすいでしょう。

case 29

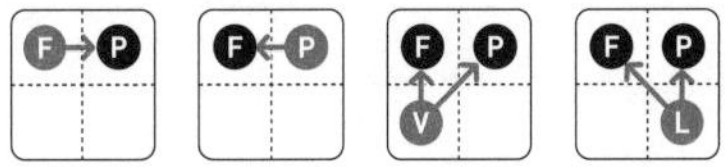

もし、うまく気持ちの切り替えができず、自分の不器用さに落ち込んでいるようなら、「あの場面ではあれがベストな対応だったと思うよ」「誰だってそうするよ」というように、対応が間違いでなかったことをフォローしてあげてください。

言い換え

before

「適当に受け流せばいいんだよ」

after

「8割程度の心で聞くといいよ」

「自分のせいで怒っているのではないと、自分に言い聞かせたらいいよ」

「あのときはそうするしかなかったよね」

case 30

「会社に未来を感じない」と言う部下

優秀な部下が急に「会社を辞めたい」と言い始めた。理由を聞くと「この会社に未来を感じない」と言う。今の会社では自分が成長できるイメージを持てないのだそうだ。

そこで昇格の可能性や将来のキャリアデザインについて話し、「考え直してほしい」と説得したが、それでは納得してくれない。どう言えば残ってくれるだろうか。

case 30

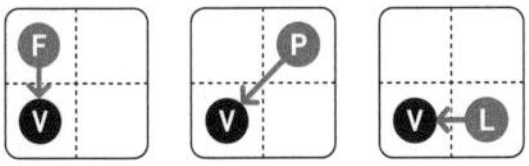

このケースにはまりやすいタイプ

上司…●ロジカル　●ピース
部下…●ビジョン

「可能性」「未来」でモチベーションが左右するビジョン

ビジョンが会社を辞めたいと考える原因は、主に3つ考えられます。

1つは、ほめられていないこと。ビジョンの人はキラキラと活躍する自分をイメージして、それに近づこうと努力をします。その努力が認めてもらえないと、むなしくてみじめな気持ちになってしまうのです。

2つ目は、ダメ出しばかりされること。良かれと思って出した意見やアイデアを「前例がないから」など煮え切らない理由で潰されることが続くと、「こんな小さな枠組みの中では自分の良さが活かせない」と感じて転職したくなってしまいます。

3つ目は、未来が見えないこと。例えば、人材教育の仕事がしたくて入社したのに、営業畑に配属されてノルマをただただこなす毎日。しかも何年営業で頑張れば人事部に異動させてもらえるのかもわからない……など。「自分でなくてもいい仕事なら、自分がここにいる理由はない」と感じてしまいます。

ビジョンにとって「未来が見えない」という事態は死活問題なのです。

自分で抱え込まず、上司の力を借りる

上昇志向が強いビジョンにとって、自分が活躍するイメージを持てることはとても重要。高い目標に向かって挑戦することが好きで、頑張ったらどれだけ評価されるか、自分の挑戦したいところで活躍できるとわかるとさらにモチベーションが上がります。

ビジョンの部下にもう一度考え直してもらうには、上司の力を借りることです。**自分の上司まで話を通してください。**ビジョンは、直属の上司だけで対応されると非常にがっかりします。「どんなに頑張っても、自分の努力は会社の上層部には届かない」と感じ、「この会社には自分の未来はない」と結論付け、ますます離職の意思は固まるでしょう。

もし、そこで上役の部長から「君の頑張りはしっかり伝わってる。人事を希望しているのも知っている。でも営業経験は無駄にならない。ここを乗り越えられたらすごいと思うよ！」などと言ってもらえたら、離職を思いとどまる可能性が出てきます。

case 30

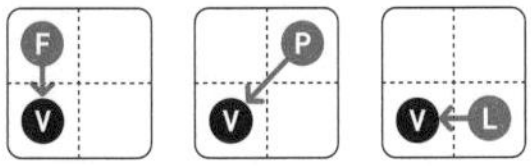

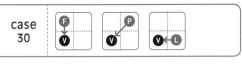

ビジョンにとって、自分の努力が上にも伝わっていたこと、直接部長から離職を止めてもらえたことは、思いとどまる大きな理由になります。

一方、計画重視タイプはさんざん考えて「辞める」と言っているので、一度「辞める」と口にしたら取り下げることはほぼありません。この段階から覆すのはかなり難しいでしょう。考え直す可能性があるのは、同じ臨機応変タイプのピース・フレキシブルです。

ピース・フレキシブルの場合は、とにかく話を聞いてあげること。しっかり時間を取って聞いてあげてください。**ピースの退職理由は人間関係であることが多く、もし部署内の人間関係が原因の場合、上司に相談して部署異動を検討してもらうことも一案です。**

言い換え

before
「これをクリアしたら昇格させるよ」

after
「部長の時間をもらったから、いろいろ話をしてみたらいいよ」

case 31

すぐに凹んで休む

少しでも気持ちが落ち込むと、すぐ休んでしまう部下がいる。

会社や仕事に問題があるのかと思い、「何が嫌なのか言って」と聞いてみても、黙ったまま答えてくれない。

メンタルが弱いからなのだろうか……。

どうやって励ましたらいいのかわからない。

case 31

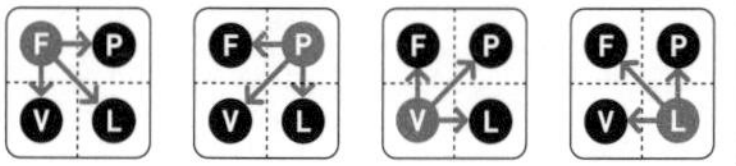

このケースにはまりやすいタイプ

上司…すべてのタイプ
部下…すべてのタイプ

タイプごとに落ち込む理由を知る

「昔はこんなことで会社を休まなかった。今の若者は甘えている」という上司の声をよく聞きますが、昔と今とでは人々の価値観も世の中の環境も違うので、一概に「今の子はメンタルが弱い」とは言い切れません。

例えば、**今はSNSなどが発達した情報化社会で、知らなくてもいいことまで耳に入ってくるようになり、ストレスを感じる機会が増えています。**かといって、昔からあるストレス（経済格差や学歴格差など）が減ったかといえばそんなことはなく、昔よりもストレスの数や種類が増えているといえます。

また、職場でストレスがあっても昔は年功序列、終身雇用が当たり前でしたから、我慢して勤め続ければ、いずれ退職金がもらえて老後も豊かに暮らせました。先に約束された道があることで、ストレスに耐えることができたのです。しかし、今は成果を上げ続けないと会社にいられるかどうかもわかりません。会社自体の寿命も昔より短くなっているので、そもそも自分が頑張ったからといって将来の保証もありません。

こんなふうに、今は昔よりも生活基盤が不安定で、よりストレスフルになっているからこそ、どんなにポジティブな人でもメンタルが弱ってしまうことはあります。ですから、どんなタイプが凹みやすいかなどは言い切れません。

ただし、落ち込んでいる理由は性格タイプによって少しずつ違います。

ロジカルの人は他の人よりできない、理想のようにできないなど「できない自分」に失望します。ビジョンの人は仕事で「輝けない自分」にがっかりします。ピースの人は「職場に迷惑をかけた」ことや「自分に存在価値がない」ことを気に病みます。

この違いを理解して、それぞれのタイプに合わせた励まし方をすると効果的です。

落ち込んでいる理由に合わせた声掛け

ロジカルの部下には具体的に今のピンチを乗り越える等身大の方法や手段を示します。自分の中で「できそう」と思えば気持ちも復活してきます。

case 31

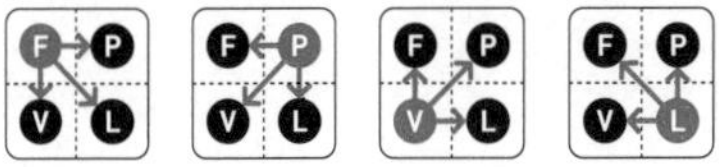

ビジョンの部下もまずは話を聞いてあげてください。話すことで本人の気持ちが整理できます。そのうえで相手を肯定しながら励ましてください。

ピースの部下は話し始めるまでの沈黙が長いのですが、こちらが待ちの姿勢を示すと心を許して少しずつ話してくれます。本人の話をまずは聞き、「そうだね。それはつらかったね」と共感を示すのがポイントです。沈黙に我慢できず、自分の話をしたり、正論などで励ましたりするのはNGです。

言い換え

before

「大したことじゃないから、元気出して」

after

ロジカル「こうすればできるから、落ち込まなくていいんだよ」

ビジョン「すごく頑張ってたんだね」「君なら乗り越えられると信じているよ」

ピース「話を聞くから何でも話して」「話してくれてありがとう」

case 32

ほめ言葉を素直に受け取らない

部下はほめて育てたほうがいいと聞いたので、事あるごとに「企画のこのポイントがいいな」「前回よりここが良くなっている」と具体的にほめるようにした。

しかし、「いいえ、私なんて……」と謙遜して、素直に受け取ってくれない。

せっかくほめているのに、自己肯定感が低すぎて伝わらない。

case
32

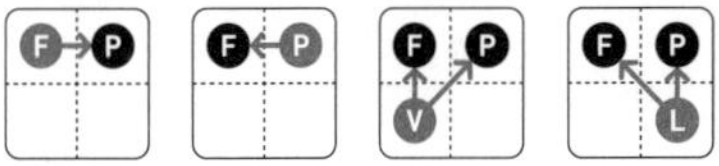

このケースにはまりやすいタイプ

上司…すべてのタイプ
部下…●ピース

結果よりもプロセスをほめてほしいピース

上司からほめられたときに嬉しがるよりも謙遜してしまうのは、ピースの特徴です。

例えば「この企画のここがいいよ」とほめたとします。ロジカルの人はそこが自分の頑張ったポイントなら、「上司は正しく評価してくれた」と嬉しく思い、満足します。「20%売上アップはさすがだね」と数字でほめられるのも好きです。ほめられた後は「ありがとうございます。次も頑張ります」といったクールな態度を取るでしょう。

ビジョンの人は「よくこんなアイデアが出てきたね。すごいよ！」「君が一番だったよ！」など、わかりやすくオーバーにほめられると嬉しくなり、自己肯定感が満たされます。「そうなんですよ。ここは今回ちょっと自信があったポイントなんですよ！」とニコニコしながら自らアピールしてくる人はビジョンに多いです。

それに対してピースの人は、結果や個性をほめられてもあまりピンときません。「この企画のここがいいよ」と言っても、「それで合っていましたか? 自信がなかったのですが、お役に立ててよかったです」という感じで謙遜をしてきます。

仕事の場面ではどうしても営業成績や売上など、目に見える数字や実績で評価することが多くなるため、その点をほめる機会が増えます。しかし、ピースの人たちは営業成績や売上でトップになることは「誰かを喜ばせたい」気持ちが原動力になっている場合が多いです。ですから、結果だけに焦点を当ててほめられても、直接的なモチベーションにはならないのです。

「ありがとう」と感謝の言葉でほめる

ピースの人には何をおいても、まず「ありがとう」が欠かせません。その一言があるのとないのとで表情もまったく違います。ロジカルやビジョンの人よりも、はるかに「ありがとう」に反応するセンサーが敏感なのです。

また、**仕事の結果ではなくプロセスをほめてください。**

ピースの人は他の人たちが仕事しやすく、その場の雰囲気が良くなるように陰で動い

case
32

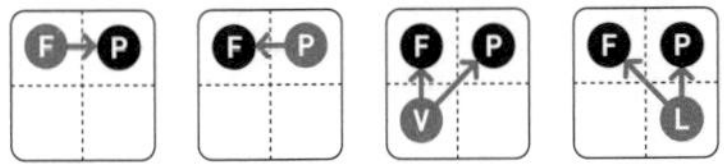

ていることがたくさんあります。

「いつも頑張ってくれてありがとう」「チームに貢献してくれてありがとう」「いつも早めに出社して準備してくれてありがとう」など、感謝の言葉でほめると、「お役に立てて嬉しいです！」と素直に受け取り、喜んでもらえます。

ピースの人は自分が話の中心に長くいることを好みません。みんなの前で社長から直々にほめられると、周りの目を気にしたり、居心地が悪くなってしまうので、人を介してほめるのも効果的。「この前、社長が君のことをほめていたよ」と部長から言ってもらうと「社長は私の仕事ぶりを見てくれていた！」と感激します。

言い換え

before

「この企画のこのポイントが良かったよ」

after

「この前の企画、出してくれてありがとう。このポイントが良かったよ」

case 33

評価の説明をしても納得しない

賞与の説明をするとき、金額もすでに決まっているし「頑張ってくれているから」としか言いようがないのだが、それでは納得しない部下がいる。金額が不満なのだろうか？

でも変更できないし、正当に評価していることをわかってほしい。

case 33

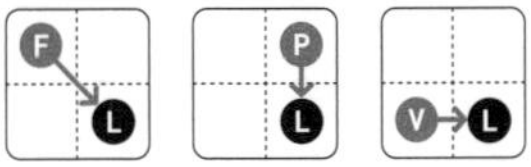

このケースにはまりやすいタイプ

上司…●ビジョン　●ピース

部下…●ロジカル

「頑張ったね」は響かないロジカル

評価の伝え方が難しいというのは、上司にとって共通の悩みかもしれません。

特に今回のケースのように「頑張ってくれているから」という言葉は、ピースやビジョンの部下にはある程度通用しても、ロジカルの部下には響きません。

なぜなら、「仕事なのだから、頑張るのは当然」と考えるからです。それに、頑張り具合は目に見えないためアバウトな評価基準に思えてしまうからです。

「金額が不満なのか？」と考えてしまいがちですが、この部下は**金額そのものに不満があるというよりも、「なぜこの金額なのか」の根拠が知りたい**わけです。

「頑張っているから」では説明になっていないし、「上司の感覚で決めているのかな」と不信感さえ持ってしまいます。

せっかく面談の場を設定しても、「何のための面談？」とも思うかもしれません。

金額の理由や査定ルールを説明する

ロジカルの部下は、自分の仕事ぶりが上司の目にどのように映っているのか、正当な評価を受けているかどうかを確認したがっています。ですから、上司にはそれに答える義務があるでしょう。

まさか「鉛筆をなめて賞与を決める」といったやり方はしていないはずです。社内の査定ルールや賞与額の支給基準があるはずなので、それを示しながら「ここはこうで、これはこう」というふうに説明してあげてください。

子どもが学校でもらってくる通信簿には各教科の点数や段階評価の数字があり、先生からのコメントが入っています。出席日数や係などの情報も書かれています。それを見ながら三者面談で話をするイメージです。

会社でも賞与の面談時に裏付けとなる査定表を見せて説明すると、「みんなを平等な物差しではかっている」ことがわかり、金額の理由にも納得できるでしょう。さらには自分の足りないところや課題も見えてきて、より目標を定めやすくなります。

case 33

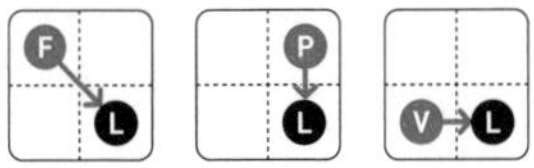

何かコメントするときは、「今回は難しいメンバーをよくまとめてくれたね。プロジェクトの成功は、リーダーである君の手柄だと思っているよ」という具合に、**具体的な成果をほめましょう。**

ちなみに、同じ内容をほめる場合でも、ビジョンには「あのメンバーをまとめたのはすごかったね、なかなかできないよ。君だからできたんだね」という言い方が効果的です。ピースには「難しいメンバーだったと思うけど、投げずによくまとめてくれてありがとう」などが響きます。

言い換え

before
「いつも頑張ってくれているから、この金額にしておいたよ」

after
「査定ルールに則って、君の場合はこうだから、この金額になっているんだよ」

case 34

繊細すぎて扱いづらい

人の気持ちに敏感で優しいのは良いのだが、ちょっとしたことですぐに傷つく部下がいる。先日も同僚の何気ない一言にショックを受けて、仕事を休んでいた。

腫れ物に触る感じで、少し接しにくい。このままでは職場で浮いてしまうし、どうやってケアしてあげればいいいのか。

case 34

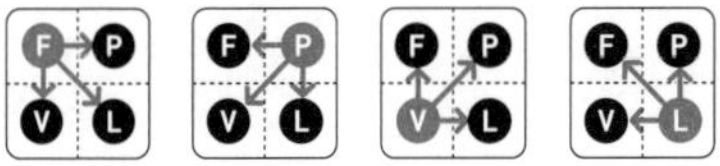

このケースにはまりやすいタイプ

上司…すべてのタイプ
部下…すべてのタイプ

環境のせいでHSPっぽくなる人もいる

最近、「HSP」という言葉が認知されるようになってきました。HSPとはHighly Sensitive Person の略で、「非常に感受性が強く敏感な気質を持った人」を指します。

他者への共感が高く、周囲の人に気を使いすぎて気疲れしたり、些細な言葉に傷ついたりしやすいといわれ、人混みや物音、光、食べ物の味やにおいなど、五感で受ける刺激に対しても過剰に反応する傾向があるそうです。

生まれつきの気質で、統計学的には人口の15～20%が当てはまるといわれていますが、実は職場の環境などの影響で、繊細になる人が増えています。

ロジカルの人が繊細になるのは「自分が決めたとおりにできない」というジレンマや「終わりが見えない」というストレスを感じたとき。ロジカルは自分で決めた段取りや目標を達成していくことで自己実現をしていくタイプなので、それができないときや、できる見通しがないと自己否定感が強くなり、心が敏感になります。

ビジョンの人が繊細になるのは、本来は輝きたいのに「周りについていけてない」と感じたとき。頑張っているのに認められないことが続くと、心が敏感になります。

ピースの人が繊細になるのは、「ありがとう」に飢えているとき。心を尽くして人のために働いているのに、感謝されないとどんどん心が枯れていきます。

抱えている思いに共感して孤独感をなくす

すべてのタイプに言えるのは、「自分で自分がわからない」というときに繊細になりやすい傾向があるということです。何が原因かも、どうしたらいいかもわからないので自己否定に陥ります。そのような場合は、**相手の気持ちを代弁したうえで、タイプ別に元気になれる一言をかけることが大切**です。

ロジカルの場合は人を頼らずに頑張ってしまうので、まず「一人で抱えやすいところあるんじゃない？　もっと周りを頼っていいよ」と声をかけます。さらに、どうしたら目の前のことをやり遂げられるか、具体的な方法と期限を一緒に確認してあげましょう。

case 34

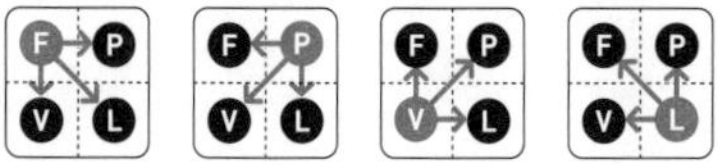

ビジョンの場合は、日頃の努力を認めてあげることが大切です。「頑張りすぎてしまうときがあるから、無理はしないで」と努力を認めたうえで、ほめてあげましょう。認めて、ほめて、励ましてあげることでビジョンは元気になっていきます。

ピースの場合は、話を聞いたうえで、ねぎらいと感謝を伝えること。「みんなのためにいつも気配りしてくれてありがとう。みんな助かっているよ」と、人の役に立っていることと、その頑張りへの感謝を伝えてあげましょう。

言い換え

before

「そんなこと気にしなくて大丈夫だよ」

after

ロジカル「一人で抱えやすいところがあるからもっと周りを頼ってね。一緒に解決策を考えよう」

ビジョン「頑張りすぎるから無理はしないで。ここまでできてすごい！」

ピース「みんなのために動いていてくれているんだよね。いつも本当にありがとう」

Chapter 5

悪い癖を直してほしいときの伝え方

case 35

相談してくるタイミングが遅い

部下に任せていたプロジェクトが、納期ギリギリになって間に合わないことが発覚した。部下を呼んで経緯を聞くと、数カ月前から雲行きが怪しかったという。

それなら、相談するタイミングはあったはずだし、事態が悪化する前に相談してほしかった。

case 35

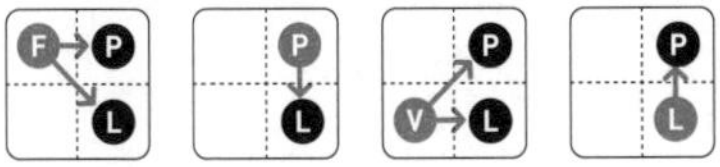

このケースにはまりやすいタイプ

上司…すべてのタイプ

部下…●ロジカル　●ピース・プランニング

自分で解決する方法を考えてしまう計画重視タイプ

計画重視タイプは何か困ったことが起きたときに、一人でぐるぐると考えてしまう傾向があります。**上司に相談する前に、一度自分で解決できないか考えようとするのです。**

例えば、初めての仕事で上司からの指示がアバウトだったとします。パズルでいえばピースが足りない状態です。しかし、計画重視タイプは上司からピースを全部もらったはずだと思い込み、「自分のやり方が悪いのではないか、どうしよう……」とピースが足りない状態で考え込んでしまうのです。

その結果、自分が困っていることを言い出せず、納期ギリギリになって「実は……」と言い出す場合があります。

ちなみにビジョンの場合は、仕事に取りかかるのは遅いですが、タイムリミットが近づくと集中力が高まって、一気に進めて帳尻を合わせてきます。夏休みの宿題を8月末にまとめてするタイプです。そばで見ていると「間に合うの?」と心配になるのですが、本人の中ではギリギリでセーフになるラインがわかっています。

ただ、短期集中で進めているため、わからないことが出てくるタイミングもギリギリです。締め切り前日や当日の朝になって「ここって、どうするんでしたっけ?」と聞いてきて、びっくりすることもあるでしょう。

ピースの場合は、「上司は忙しいのでは……」「今、声をかけると迷惑かも」と遠慮して質問をすることができず、問題を解決できないまま動き出せずにいることがあります。躊躇している様子であれば、「一緒にやろうか」と声をかけて促すことが大事です。

納期までの間に途中段階をチェック

ビジョンは自分が困ったら相談してくるのですが、**計画重視タイプは抱え込んでしまいがちなので、納期までの間に中間報告日を作って、進捗を確認することが大事**です。

急に「あの案件は大丈夫?」「今できているところまで見せて」というと慌ててしまうので、**前もって報告や確認の日を設定しておくのがポイント**です。

case 35

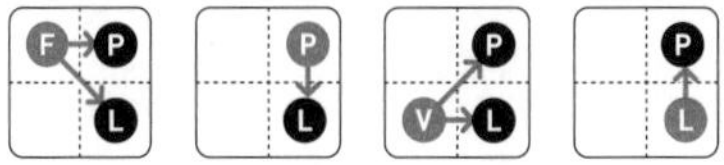

「一週間後に、一旦できたところまで確認させて」と言っておけば、そこまでに体裁を整えて提出しようとしてくれます。

その段階で予定どおりの仕事ができていなければ、原因の究明をしましょう。

「今の時点で困っていることはない？」「進行で遅れそうなところは？」とクローズドクエスチョンをすれば、計画重視タイプの部下は相談しやすくなります。

管理職はタイプにかかわらず、忙しさのあまり指示が大雑把になる傾向が強いので、部下の非を指摘する前に、自分の指示が足りていたかどうかも考えてみましょう。

言い換え

before
「なんでもっと早く相談しないんだ」

after
「一旦一週間後に確認させて」
「進捗は大丈夫？ 今の時点で困っていることはない？」

case 36

要らない報告が多い

チームのまとめ役をお願いした部下が、チーム内の雰囲気やちょっとしたトラブルを事細かに報告してくる。

正直、要らない情報が多くて、聞いている時間がもったいない。結論だけ聞ければいいので聞き流していたら、「本気で聞いてくれない」と思われてしまった。

case 36

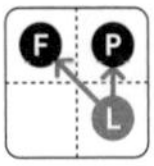

このケースにはまりやすいタイプ

上司…●ロジカル
部下…●ピース

すべての情報が必要だと思うピース

結論から先に聞きたい、必要な情報だけ聞きたいと考えるロジカルに対して、経緯を含めて**全部を報告しないといけないと思っているのがピース**です。

家庭でも、仕事で疲れてなるべく話をコンパクトに終わらせたい夫（ロジカル）と、日中にあったことをいろいろ聞いてほしい妻（ピース）という同様の構図が浮かびます。妻は今日の子どもの様子や、ママさん同士で話題になったこと、パート先での困ったお客様、テレビで見た健康情報など、夫に聞いてほしいことがたくさんあり、マシンガンのように話すのですが、夫は早く休みたくて「で？　何が言いたいの？」「結論だけ教えて」と言ってしまいがちです。

ピースの妻にしてみると「これも知っておいたほうが役に立つ」「あれも伝えておい

たほうが流れもわかる」と思って夫に話しているわけで、「あなたのためを思って話しているのにひどい！」「私の話なんか、どうでもいいと思ってるんでしょ」と機嫌を損ねてしまいます。

これを職場に置き換えると、「上司のためを思って報告しているのに、上司は私の報告なんてどうでもいいと思っているんだ！」と悲しくなります。ですから、「君はいつも話が長いよ」などの言葉は絶対にＮＧです。

ほしい情報を伝えてその理由を説明する

そうはいっても、いつもどこまで続くかわからない報告を聞かされるのは苦痛ですから、相手を傷つけないように必要な情報だけ聞き出すようにもっていきましょう。

ポイントとしては、まず「いつも報告してくれることへの感謝」と、「情報を絞って報告してほしい理由」を伝えることです。

「詳しく報告してくれてありがとう。でも、今度からは結論から聞かせてくれると嬉しいな」「今度からは進捗と問題点だけでいいよ」といった言葉が良いでしょう。

そして、「なぜ、進捗と問題点だけでいいかというと、現場のことは君の判断に任せ

case 36

てあるからだよ。私が把握しておかないと困るのは、ここの部分だけだからね」と理由を説明してください。

すると部下は納得し、自分で必要な情報を取捨選択して報告してくるようになります。

あなたの望みどおりの報告をもらったら、「とてもわかりやすくなったよ。ありがとう」と伝えましょう。

言い換え

before

「必要なことだけ報告してくれる？」

after

「今度からはこことここのポイントだけ報告してね」

「わかりやすい報告だったよ、ありがとう」

case 37

相談を受けると長時間にわたる

同期入社の部下が、事あるごとに意見をぶつけてくる。「相談したいことがある」と言われて面談を設定すると、２時間も議論を求めてくるので、こちらはクタクタ。

一人の部下に何時間も取られるのは痛いし、そのせいでチームの輪が乱れるのも困る。

case 37

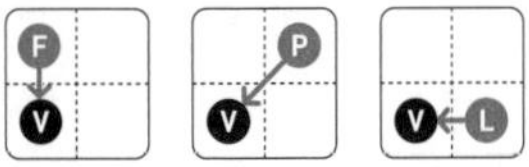

このケースにはまりやすいタイプ

上司…すべてのタイプ
部下…●ビジョン

話しているうちに議題がふっ飛んでしまうビジョン

ビジョンと話していると、しばしば話題があちこちに飛んで「あれ？ そういえば何の話をしてたんだっけ？」と、現在地を見失うことがあります。これはどんどん思考が広がって、興味の向かうほうに進んでいってしまうためです。ロジカルやピースはこの話の盛り上がりについていけず、ポカンとしてしまうことがあります。

ビジョンはその場で考えながら話しているので、話が本題から逸れてしまいがちです。

その場で話を展開するため、収拾がつかなくなり2時間ものディベートになってしまっているのです。

特にこの部下には自分を昇進させなかった会社への不満や自分より先に昇進した同期への嫉妬などが溜まっており、議論することで発散させている傾向があります。

最後には、会社の評価体制に対する不満などの大きなテーマが飛び出してきて、「そんなことを自分に言われても困る」というような展開になりがちです。

こういった場面は、自分より年上の部下との間でもありがちでしょう。

事前に「議題」と「時間」を決めておく

相談が長くなりがちな部下から「聞きたいことがある」「話をする機会を作って」と言われたら、その場で面談を約束したり、面談を始めたりしないことです。相手のペースで事が運んでしまいます。

それを避けるには、面談前に「議題」と「時間」を決めること。**部下に「今は時間がないので、話したい内容を項目にして、メールで送っておいて」と言いましょう。**できれば各項目についての部下の意見を書き添えてもらうとスムーズです。事前に議題や話の方向性を絞ることで、そこから外れそうになったとき、「それは今の議題ではない」と軌道修正できます。また、事前に議題をメールで書き出してもらうと、「相談するほどのことではないか」と部下が自己解決することもあります。

そしてその内容に応じて**面談の時間を「15分」「30分」などと設定します。**仕事の話なら、

case 37

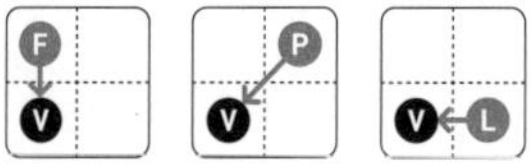

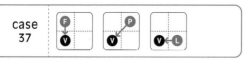

普通は30分あれば済みます。一旦、約束の時間がきたら、状況に応じてMAX15分くらい延ばすことで誠意を見せます。そのうえなら話の途中で打ち切ってもOK。どうしても話さなければならないことなら、別の機会を設ければいいでしょう。

こうして面談にルールを設けることで、一人の部下に時間を奪われるストレスがなくなり、他の部下に時間を割くことができます。

一人の部下に時間を取られていては、他の部下が「自分たちはほったらかし」「相談したくてもできない」と思いかねません。そうした我慢をさせないためにも、面談のルールを決めるといいでしょう。

言い換え

before

「とりあえず今から会議室で話そう」

after

「話したい内容を箇条書きでいいので出してくれる？」

「次の打ち合わせが○時に入っているから、15分をめどにお願いできるかな」

case 38

ミスが多くて目が離せない

まだ仕事に慣れない部下のため、近くにいてチェックしていると、いつも簡単な箇所でミスをしている。「そうじゃないよ。こうだよ」とその都度教えるのだが、なぜか同じミスを繰り返してしまう。

これでは一人で仕事をさせられないし、大きな仕事など到底お願いできない。

case 38

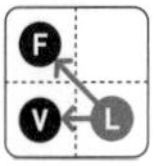

このケースにはまりやすいタイプ

上司…●ロジカル
部下…●ビジョン　●ピース・フレキシブル

常に見られているとプレッシャーでミスをする

仕事が5つのステップで出来上がるとした場合、計画重視タイプ（ロジカル、ピース・プランニング）は最初に全部のステップを確認して、全体をシミュレーションしてから取りかかるという方法を取ります。そのため、この上司も部下がやりやすいようにと思って、手順を1から5まですべて説明したのでしょう。

しかし、**臨機応変タイプ（ビジョン、ピース・フレキシブル）は、先に1や2をやりたくて5まで説明を待つのが苦痛です。**イメージが浮かんでいるうちに早く形にして、「これで行ける」という確信を持ちたい思いが強く、気もそぞろになってしまうのです。

また、自分なりに体感しながら習得するタイプなので、上司がそばでじっと見て「そうじゃない、こうだ」と言われると思うと緊張して、一人なら起こさないミスを犯してしまいがちです。上司のやり方が正解で、それにぴったり合わせなければならないというプレッシャーに押しつぶされてしまいます。

もちろんロジカルの上司はそんなプレッシャーを与える気などさらさらありません。ロジカルは一通りしっかり見てもらって、「合格」をもらってから進めたいので、部下のために同じようにするのですが、これが悲しいギャップを生んでしまうのです。

最初の段取りだけ教えて任せてあげる

目の前でミスを連発されると心配になってしまいますが、いつかは独り立ちさせなければいけません。ここは思い切って部下に一人でやらせてみましょう。部下を信じる力も、上司には大切なスキルです。

そのとき、最終的にステップ5までの仕事をしてほしくても、**まずは1と2だけ教えて、後は完成のイメージを伝えるくらいにとどめてください。**それだけの情報でも臨機応変タイプの部下はちゃんと自分で考えて、仕事を進めることができます。もし途中でわからないことが出てきたら、そのときに相談できるよう「いつでも困ったら声をかけてね」と言っておけば大丈夫です。

case 38

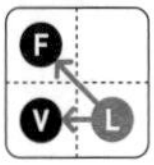

もし心配なら、「1ができたら1回見せて」と言っておきます。すると、間違った方向に進んでいても軌道修正ができます。

また、部下がピース・フレキシブルだった場合は、その工程がなぜ必要なのか、理由やコンセプト・背景などを伝えておくと、それを踏まえて的確に仕事をしてくれます。「この後進めやすいように、色分けしてまとめておきました」と気の利いたこともしてくれるはずです。そのときは「気が利くね。ありがとう」と感謝を伝えましょう。

言い換え

before

「ここはそうじゃない。こうするのがいいよ」

after

「まずはここまでやってみて」

「やり方はこんな感じでやってみて。ここまでできたら次を教えるから報告してね」

case 39

人のアドバイスを聞かない

部下が初めて単独で商談をすることになった。不安だろうと思い、「最初はこう言ってみて」「クロージングはこの手順でやると成功する」と具体的に教えると「わかりました」とは言うものの、あまり聞いていない様子。

後日、チームの他のメンバーに確認すると、教えたのとは違う手順で進めていたらしい。せっかく助言したのに……。

case 39

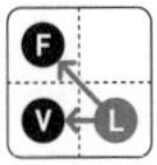

このケースにはまりやすいタイプ

上司…●ロジカル

部下…●ビジョン　●ピース・フレキシブル

教えれば教えるほどテンションが下がる臨機応変タイプ

せっかく時間を割いて教えたのにそれが活かされていないと、自分がないがしろにされた気持ちになります。中には「自分をバカにしている」と感じる人もいるかもしれません。

細かく人に教えたくなるのはロジカルの特徴。自分自身は、何か新しいことにチャレンジするときはシミュレーションしたいので、事前情報が必要です。相手もそれを求めていると思いがちですが、先回りして言われるのが苦手なタイプもいます。

ビジョンとピース・フレキシブルがそのタイプで、基本的にシミュレーションはしません。**「まずは自分でやってみたい」という思いが強く、大体のイメージさえできていれば、後はその場の対応でしのげるのが強みです。**まさしく帳尻合わせの天才です。

ロジカルから見ると「言うことを聞かない部下」に見えてしまいますが、決してそういうわけではありません。ただ「やってみないとわからない」と考えて状況に合わせて動いているため、指示どおり動いていないように見えてしまうのです。

まずは、上司に対する反抗心ではない点を理解してあげてください。

必要最低限のポイントに絞ったアドバイス

臨機応変タイプの部下には、すでに「商談成立」というミッションのゴールと、大まかな商談の運び方は共有されているわけですから、信じて任せるのが一番です。

おそらくあなたとは少し違うやり方をすると思いますが、失敗しそうなとき以外は基本的に本人に委ねるのが良いでしょう。

なぜ正攻法があるのにそれを実践しないのかというと、「人のやり方をなぞるだけでは、つまらない」「他にもっといい方法があるかもしれない」と考えるからです。

臨機応変タイプには最初から的を一つに絞るのではなく、「あらゆる可能性の中からそのとき一番良いものを選びたい」という思いが強くあります。

ただし、部下にいくらやる気があっても初めての挑戦です。あなたから見て、「ここ

case 39

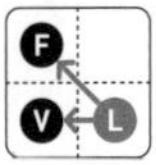

はつまずきやすい」「ここが難関」というポイントがあるはずなので、そこだけ部下に伝えてあげてください。

「商談相手は3人でくるが、キーパーソンは部長だ」や「向こうが金額を交渉してきたら、こういう切り口で返せ」など。絶対に押さえなければならないポイントを教わると、ビジョンは「さすが上司は百戦錬磨だな」と尊敬を強めます。

最後に、「任せたぞ、頑張ってこい。でも、困ったときはいつでも相談に乗るから」と言っておけば完璧です。

言い換え

before
「ここはこうして、この手順で進めて」

after
「ポイントはこれだけ」
「後は任せた。困ったら相談に乗るよ」

case 40

話が長くて何を言っているかわからない

とにかく話が長い部下がいる。あれこれと報告はしてくれるのだが、最後まで聞いても結局、何が言いたいのかわからない。「わかりやすく説明してくれるかな」と言ってみても、本人には自覚がないようで、「これ以上、どう詳しく説明すればいいかわかりません」と言われ、どうしようもない。

case 40

このケースにはまりやすいタイプ

上司…●ロジカル
部下…●ビジョン　●ピース

単刀直入に言ってほしいロジカル

ピースは物事の経緯や背景、理由などを知りたいタイプで、相手も同じだと思って元から順序立てて話すので、どうしても話が長くなりがちです。**仕事の報告も、前提条件や経緯から話そうとするため、本題に入るまでに5分くらいかかったりします。**

本題を聞いてみると、その前に話していたことが本題に至る経緯であったりして、まったく無駄な話というわけではないのですが、聞いているほうからすると「前半をもっと端折れるのでは」と思ってしまいます。

実は、ビジョンも一度話し始めると話が長くなる傾向があります。というのも、話す内容を大まかに決めているだけで、その場で考えながら話すため、話があちこちに飛んだり広がったりするのです。ロジカルの上司にしてみると、「今、何の話をしているの?」

「さっきの話はどうなった？」と、前後の話のつながりを見失ってしまいます。

ビジョンの話し方の特徴として、再現ドラマのように登場人物になりきって話す点もロジカルを戸惑わせます。例えば、次のように話すのが特徴です。

「先方の常務が『この価格、もうちょっと下がらんかね』と言ってですね、私は『いや〜、ギリギリ精一杯の数字がこれなんですよ』と言ったんですが、『そんなはずはないだろう。本当は交渉されるのがわかってて、ちょっと色付けてるよね？』と譲らないんですよ」

これは、実際の場面を聞き手に見せることで状況を汲み取ってもらえるだろうという心理があるからです。しかし、ロジカルの上司にしてみれば、「だから結局、君はどうしたの？ そこを聞きたいんだけど……」となってしまいます。

「先に結論を聞かせて」とお願いする

ビジョンの部下は一通り話し終えると、それで全部話した気になってしまいがち。「で、結局どうなったの？」と聞くと、「え、今言いませんでしたっけ？ 言いましたよね？」と、すっかり結論まで言ったつもりになっています。

ですから、上司は「いつも詳しく状況を説明してくれるけど、結論の部分が抜けがち

case 40

だから気をつけて」「結論までが報告なんだよ」と注意を促します。そして、**「先に結論から聞かせてもらえるとわかりやすいんだけど」と言いましょう。**

ビジョンの人は要領を掴むのが上手なので、何度か報告の仕方を練習すれば、抜けや漏れのないスマートな報告ができるようになるはずです。

ピースの場合もビジョンと同じく、結論から話してもらえるようお願いしてみましょう。「前提の話は理解できているから、まず結論から聞かせて?」と前提がいらない理由も添えて伝えれば、理解して結論から伝えようとしてくれます。

言い換え

before

「何が言いたいのかわからないんだけど」

after

ビジョン「結論まで聞かせて。ちなみに結論というのは、今の話のここだよ」

ピース「前提の話は理解できているから、まず結論から聞かせて?」

case 41

仕事が丁寧すぎて遅い

チームで動いていても明らかに作業が遅い部下がいる。仕事ができないわけではないが、とにかくスピードが課題。

仕事の仕方をよくよく見ていると、どうでもいい作業にかなり丁寧に対応している様子。「ここは適当でいいよ」と言っても、「適当ってどうやるんですか?」と聞いてくる。手の抜き方は教え方が難しい……。

case
41

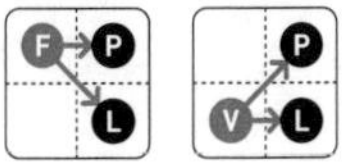

このケースにはまりやすいタイプ

上司…●ビジョン　●ピース・フレキシブル
部下…●ロジカル　●ピース・プランニング

計画重視タイプには「適当」が難しい

「手抜き」と聞くと、悪いイメージを持ってしまいがちですが、「手抜き」は仕事をするうえで重要なテクニックでもあります。

手抜きには「ずるい手抜き」と「上手な手抜き」の2種類があります。「ずるい手抜き」は、惰性で仕事をサボったり、必要な仕事を省いたりするもので、仕事の質を下げてしまいます。対する「上手な手抜き」は、仕事の質に関係しない部分をうまく省略するもので、仕事の効率やスピードを上げてくれるものです。

この手抜きに対する考え方は、性格タイプによって大きく変わります。

臨機応変タイプは「適度に手を抜く具合」がわかっています。求められるものをざっくり把握して、「とりあえず変更になってもいいからやってみよう」と進めます。要領よく細かいところは後回しで手順を省きながら、それなりの形を作り上げます。「多少違っていても、修正すればいい」と思って取り組むため、仕事のスピードも速くなるのです。

それに比べて、まだ業務経験が少ない計画重視タイプの場合、失敗を嫌うため慎重になりやすく、マニュアルがあればそれを重視します。手順を省くことで後々のリスクを負うよりも、1つひとつの手順を確実にしていったほうが良いものが出来上がると考えるからです。そうしていると、どうしても時間がかかってしまいます。

ですから**「適当に手抜きをしろ」と言われても、どこの部分を省いていいのかがわかりません。**それに、自分の判断で省いて後々、何かあったとき迷惑をかけてしまうと躊躇してしまいます。

手を抜くポイントと理由を伝える

まず、部下は勝手に手順を省くことに抵抗があるため、具体的に**「この手順はスキップしてもいいよ」「ここはお客様には関係ないから、内輪でわかる程度でいいよ」と省く部分を指示してあげてください。**

case
41

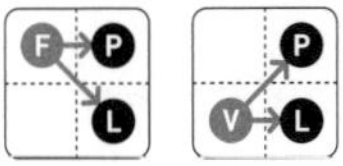

ピース・プランニングの場合は、そこに「なぜこうするのかというと」「こういうコンセプトがあって」など、ここまでの流れがわかるよう説明を加えるとベストです。「なるほど！　だから、ここがこうなんですね」と合点がいくと、コンセプトやユーザーのニーズに合ったものを作ってくれます。

一緒に作ってみるのも効果的です。最初だけ教えて、要領がわかったら「後は大丈夫だよね」と言って任せればOK。「上司は私にこうしてほしかったんだ」と理解して、どんどん仕事を進めてくれます。

言い換え

before

「ここは適当でいいよ」

after

ロジカル「この手順でやればもっと速いよ」

ピース・プランニング「この流れがあるからこの形になる」「最初だけ一緒にやってみる？」

case 42

メールで「怒っている」と勘違いされる

何も怒っていないのに、部下からの返信で「申し訳ありません」とよく謝られる。ただ用件を書いて送っただけで、そんなつもりはないのに。話を聞いてみると「怒っていると思って、すみません」とまた謝られてしまう。そんなに怖がられているのだろうか……。

case 42

このケースにはまりやすいタイプ

上司…●ロジカル
部下…●ピース

「用件のみ」「結論から」がロジカルのメールの特徴

タイプの違いはメールやLINEのメッセージなどの文面にも現れます。プライベートのやり取りよりも、ビジネス上のやり取りでその違いがはっきり見られます。

ロジカルが仕事相手に送る文面は、いかにも事務的で、無駄な要素がほとんど入っていません。絵文字や「！」などの装飾は、読む人の邪魔になると考えるからです。

必要な情報だけを相手に届けたいと思う結果、「○○の件、○日△時から、打ち合わせよろしくお願いします」といった用件のみ送ったり、部下に対して「了解しました」とだけ返信したり、結論だけはっきり書くことが多くなるのです。

これはロジカル同士では違和感がないのですが、他のタイプからするとぶっきらぼうに見えて「冷たい感じ」「怒っているみたい」という印象になります。

ピースが仕事相手に送るメールは、「先日は○○のお話が参考になりました。実際に私も実践してみて、とても良かったです。ところで、本日メールした件ですが……」というように、本題に入る前にワンクッションの文章が入ります。これは相手と共感したい、相手への共感を示したいという気持ちが働くからです。

ロジカルからすると、余計なことが書いてあるように思いますが、ピースの人にとっては相手と関係を結ぶうえで重要なやり取りなのです。

ビジョンの人の文面は、短めですが「すごい！」や「よろしくお願いします！」など「！」があちこちに入ってきます。これは、メールなどの情報にも感情や抑揚が伝わるようにしているためで、コミュニケーションを円滑にするための配慮でもあります。

文末に「〜ね」や「！」をつけてソフトな印象に

ロジカルの人の文面は味気なく硬いので、部下に送る場合、ソフトな印象を与えるようにひと工夫します。

例えば、**文末を「〜です」で終わらせないで「〜ですね」とするだけで柔らかくなります。**「ありがとうございます」は「ありがとうございます！」とすれば、感謝の気持

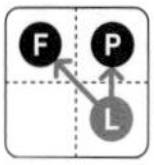

ちが倍増されて相手に伝わります。

あるいは、軽く注意やダメ出しをしなくてはならないとき、「今度から気をつけて」では強く伝わりすぎてしまうことがあります。そういうときは「今度から気をつけよう(^^)」とするなど、「怒ってないし、アドバイスだよ」というニュアンスを伝えてあげると相手は安心します。

ポイントは「ちょっとだけ感情を加える」ことです。

また、ロジカルは必要最低限の連絡しかしないので、不要な返信も省いてしまいがちです。例えば部下が資料をくれたときなどは「ありがとう!」と一言でも送ってあげると印象は大きく変わります。

言い換え

before 「明日○時集合。よろしくお願いします」

after 「明日は○時に集合です。よろしくお願いします!」

case 43

素直に謝らない

部下のミスでお客様に迷惑をかけてしまった。本人を連れてお客様のもとに謝罪に行ったが、必死に頭を下げる私の横で部下はむっと黙ったまま。不機嫌な顔で突っ立っているので、頭を押さえて謝らせ、どうにかその場は収めたが、あまりの強情ぶりに驚いた。

case 43

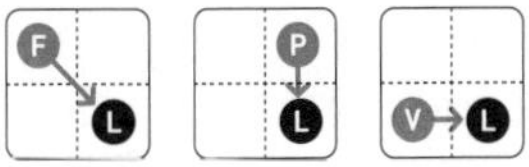

このケースにはまりやすいタイプ

上司…すべてのタイプ
部下…●ロジカル

自身の非を認めないと謝れないロジカル

まず、ロジカルの人は感情的に怒られるのを嫌います。

また、ケースバイケースで注意されることが苦手なので、**「前はOKだったのに今回はダメ」や「他の人は何も言われないのに自分だけ注意される」など、基準が曖昧なものには納得できません。**

そして、自分が納得できないことに対して謝れないのもロジカルの特徴です。

ビジョンやピースの人は、「その場を丸く収めるため」という大義名分で、とりあえず頭を下げておく、ということができるのですが、ロジカルの人はそういうことは不誠実だと感じます。

謝るなら表面だけではなく、本心から謝りたい、そうでなければ意味がないと感じています。

ミスの原因が自分にあると思えば素直に謝り、反省もできるのですが、根本の原因が上司の指示出しの曖昧さにあったりすると、「そんな指示は聞いていません」と言ってくることもあり、上司はカチンときてしまいます。

そこで感情的になって「口答えするな！」と叱り飛ばすと、反感を生みます。「こんな人間性の低い上司とは仕事したくない」と会社を辞めてしまうことも。

「こうすればミスを回避できたよね」と納得させる

ロジカルの人に反省を促すときは、一方的に謝れと言うのではなく、冷静に話すことを心掛けてください。

まずは「どうしてミスが起きたのか」の原因を明らかにすること。

そのうえで、「どういう点が良くなかったのか」「どうすればミスを回避できたか」を具体的に示します。

ロジカルは自分の落ち度がわかれば、すんなりと謝ることができます。

特に社内では、納得できず素直に謝れない場面が増えると思います。そんなときに「そ

case 43

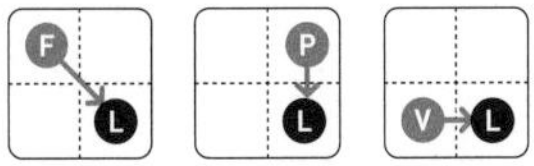

こは大人になって」と丸め込んでしまうと、部下の不信感が膨らむ一方です。

もし部下のミスを指摘してもまだ不満そうであれば、「どこかに納得できない点があるんだな」と思って、部下の話も聞いてみましょう。

そこで、上司の側に不備があったら、「この部分については私の説明が足りなかった。申し訳ない」と謝りましょう。上司が自分の非を認める態度を見せれば、ロジカルの部下もそれに応えてくれるでしょう。

言い換え

before

「とりあえず謝って」

after

「ミスの原因はこれだよね。こうすればミスが起こらなかったんじゃない？」

「どこが納得できないか、話してくれる？」

Chapter 6

相互理解で「心理的安全性」をつくる

リモートワークでチームの売上118%を達成！

本章では、実際に部下とのコミュニケーションを変えただけで、リモートワークでもチーム連携を改善し、同時に売上アップもかなえた実例を紹介します。

世界最大級のテクノロジー企業の日本法人に勤務するSさんは、営業チームのリーダーを務めています。

Sさんの仕事は、インサイドセールスからハイタッチセールスまでを一貫してマネジメントすること。インサイドセールスとは、電話やメールを使った内勤営業のこと。ハイタッチセールスとは、インサイドセールスで獲得したアポイントを契約成立までもっていく外勤営業のことをいいます。

2020年3月。緊急事態宣言に伴い、Sさんの会社ではリモートワークが導入されました。直接顔を合わせる機会が急になくなったことで部下とのコミュニケーションが取りづらくなり、それによって生産性が上がらず売上は低下していきました。

売上目標4億に対して、5～7月のチーム四半期目標達成率は80％。

当時のチームは、売上が達成できないために閉鎖的な雰囲気で、それぞれ自己否定に陥り、Sさんが何を言ってもメンバーには伝わっていないことが明らかでした。

悩んだSさんは、チーム内のコミュニケーションを改善する手段として、個人的に性格統計学を学び、取り入れることにしました。

その結果、**導入後3カ月で、8～10月のチーム四半期目標達成率が118％にまで一気に向上したのです。**性格統計学を学んでSさんが取り組んだのが、部下の性格タイプ別にコミュニケーションの取り方を変えること。具体的には主に次の3点を変えました。

- **指示の出し方**
- **ほめ方**
- **リモート下での関わり方**

チームメンバーを診断してみると、Sさんはロジカル。7人の部下はそれぞれ、自分と同じロジカルが3人、ビジョンが1人、ピースが3人でした。

まずロジカルの部下に指示を出すときは、期限と目標を伝えることを意識しました。そしてリモートでもコミュニケーションが取りやすいよう、定期的に業務報告のタイミングを設けました。ロジカルは報告のタイミングが決まっていると、そこに向かって動けますし、さらにそのときに具体的に成果をほめることで、モチベーションも上がっていきます。

次にビジョン。特に意識したのはほめることです。

部下が成果を出したときは必ずリアクションを大きめに「すごい！」とほめるようにしました。これがビジョンの原動力になります。

そして指示は細かく出さず基本は任せるように。リモート中も干渉しすぎず、たまに「最近どう?」と聞くくらいの距離感を保ちました。

そして、関わり方を一番工夫したのがピースです。特にSさんにとって気がかりだったのがピースのMさん。

Mさんは自己否定しがちで、本人もなかなか結果を出せずに悩んでいました。

そこでSさんが取り組んだのが、**面談の時間を長めに取ることと、事あるごとに「ありがとう」と感謝を伝えること**でした。

また定例のチームミーティングでは、「来週の目標が達成できる方法を一緒に考えてみようか」「アポイントを取れたら、案件の発掘は任せてくれていいよ。分担して協力したら最強じゃない？」などとMさんの役割を明確にしながら、チーム一丸となって目標達成していく雰囲気をつくるようにしました。

すると、Mさんのモチベーションはみるみる上がっていきました。その結果、Mさん個人の目標達成率は70％から120％を超えるまでに跳ね上がったのです。

部下ごとにコミュニケーションを変えることは、慣れないうちは混乱するかもしれません。ときには反応が今一つのこともあるでしょう。

それでも、**部下にとっては「理解してもらえた」だけで安心材料になります。**「わかり合えない」と思っていた人が「相談できる人、信頼できる人」に変わるのです。

そうなれば、自然とチームの雰囲気も変わっていくでしょう。

性格統計学による「心理的安全性」のあるチームづくり

Sさんの事例は「心理的安全性」の効果を実証しています。

近年注目されている心理的安全性とは、チームメンバーの一人ひとりが恐怖や不安を感じることなく、安心して発言・行動できる状態のこと。具体的にいえば、チームの中で自分らしく働ける状態や、安心して何でも言い合えるチームを指します。

アメリカのＧｏｏｇｌｅが「効果的なチームを可能とする条件は何か」をリサーチするプロジェクト「Ｐｒｏｊｅｃｔ Ａｒｉｓｔｏｔｌｅ」を行ったところ、「心理的安全性が生産性の高いチームづくりに最も重要である」ことを発見しました。

そして、本書で紹介してきた性格統計学は、心理的安全性のあるチームづくりに大変役立ちます。

Sさんのように、**自分の傾向を自覚し、部下のタイプがわかれば、それぞれ相談しやすい環境や、仕事が進めやすい環境をつくることができるからです。**

さらに部下にも性格統計学を共有し、上司である自分のことも理解してもらえれば、チーム全体でお互いを理解し合うことが可能です。そうすれば、自然と誰でも発言しやすく、お互いに相談しやすいチームになっていくでしょう。

今まで「あの人とはウマが合わない」「あの人は何を考えているのかわからない」と思っていた相手が客観的に理解できるようになると、「あの人はピースだから、こうしてほしかったんだな」「上司はビジョンで説明が大雑把になりがちだから、自分から聞きに行こう」とお互いに気遣うことができ、ストレスや不満を減らすことができます。

そのためにも、チームのリーダーなど一部の人だけでなく、性格統計学を会社全体で取り入れることをおすすめしています。

「タイプの違い」を共通認識にすることで、どの性格タイプの人にとっても心理的安全性のある心地よい環境がつくれ、生産性の高い組織になっていくでしょう。

おわりに

仕事が好きで、人と話すことも好きな私は、なんとなく身につけた営業センスで売上トップの成績を取り、「部下にも自分がうまくいったやり方を教えれば、同じようにできるはず」と思い込んでいました。

そして自ら最前線で営業活動しながら頑張っている姿を見せれば、部下も背中を追ってきてくれると信じていました。

しかし、振り向くと走っていたのは私だけ。誰もついてきていませんでした。

プレイヤーとしてどんなに活躍できていても、チームを持った途端に成績を残せなくなる人はたくさんいます。

それは、現場とマネジメントでは、求められるスキルがまったく違うからです。私は身をもってそれを思い知りました。リーダーに必要なことは結果を出すだけではなく、チームメンバーの一人ひとりを理解して、成長を見守れる人になること。

ただ、当時の私はどうしたらいいかわからず悩み苦しみました。そんな中、勇気を振り絞って部下と向き合い、不満をぶつけてもらったことが大きな転機となったのです。

自分が良かれと思って言っていた言葉が、部下にとっては不快だったと知ったとき、衝撃が走りました。

なぜ、そのようなことが起こるのか。その原因が、個々の価値観や性格の違いから起こるコミュニケーション・ギャップだと気づくのに時間はかかりませんでした。

私は、つらいどん底から抜け出すために、生き続けていくために、人とより良い関係を築くための改善策を編み出しました。それが、この「性格統計学」です。

これは自身のコミュニケーション力向上だけでなく、部下や後進の育成にも役立ちます。相手にわかりやすい言葉で、相手が「できる」と思える話の順序で伝えれば、部下は見違えるほどスムーズに動いてくれます。

自分の人格を変える必要はありません。

相手を理解して「言葉の選び方＝伝え方」を変えるだけ。たったそれだけでチーム全体の雰囲気までが良くなり、求める未来に最短でたどり着けるのが、このメソッドです。本書は、以前の私のように、部下との関係に困っている人、悩んでいる人の助けになれたらと思って書きました。

本書では部下が動いてくれる「伝え方」をまとめていますが、もうひとつ大切なのは「受けとめ方」です。自分が相手をどう受けとめるか、です。

今まで「どうしようもない部下」だった相手が、タイプによる価値観の違いやただの経験不足であることがわかれば、上司のストレスもなくなります。

「ピースだから、こういう言動になるのだな」「残業を断られたけど、ロジカルだから仕方がないか」と、心に余裕を持って相手と向き合えるのです。

ここで気をつけてほしいことがあります。

まず「この人は○○タイプだから」と相手を色眼鏡で決めつけないことです。同じタイプでも個人差はあります。状況や環境によってもタイプが強く出るときと、そうでないときがあります。

また、「私は○○タイプだから、～できない」と、言い訳に使わないことも大切です。タイプによる自分の弱点がわかっているなら、別のタイプに学んで弱点を補うような行動ができると良いでしょう。

そうやっていろいろなタイプの良いところを集めていけば、どんなタイプの部下にも対応できる万能型のリーダーとして成長できるのです。


性格統計学は「誰でも」「いつでも」「簡単に」使えるコミュニケーション術です。しかし、時には余裕がなくて不用意な発言をしてしまうこともあるかもしれません。

もしうっかり部下の地雷を踏んで、心を傷つけたり、モチベーションを奪ってしまったりしたときは、リカバリーの言葉を慎重に選びましょう。そこでどんな対応をするかで今後の信頼関係が決まります。


人間関係でトラブルになったときこそ、相手のタブーを改めて確認し、伝わる言葉でコミュニケーションを取ることが大事なのです。

さて、ここまで具体的な事例を紹介してきましたが、「できるかな……」と不安な人もいらっしゃると思います。最後に、今すぐできて、少し気持ちが楽になる話をさせていただきますね。

うまくいく最短の近道は、「あきらめること」です。

「あきらめる」とは仏教用語で、「明らかにして認める」という意味です。一般的に知られている「断念する」という意味だけではありません。

自分のありのままを知り、受け入れましょう。

ロジカルの計画どおりに進める能力も、ビジョンの創造性豊かな発想力も、ピース・プランニングとピース・フレキシブルの相手を優先して考える包容力も、すべて、それぞれのタイプが持ち合わせている個性です。

それを認めましょう。そうするだけで自己肯定感が高まります。

そのうえで、部下のことも認めましょう。タイプが違えば、自分とまったく異なる特徴があるのが普通です。

「みんな違って、みんなOK！」と多様性を認め、相互理解することが心理的安全性につながります。

この相互理解こそが一人ひとりのパフォーマンスを最大化してくれます。たったの4タイプ、その4つのタイプを知ることが、大きな一歩になります。

性格統計学は私の失敗体験からできました。今でも職場の人間関係で悩んでいる人はたくさんいます。だからこそ少しでも早く、ひとりでも多くの人にこの考え方を知ってほしいと思っています。

人間関係は、今の自分を映す鏡です。明らかに自分を認め、相手を認め、タイプの違いを意識して響く言葉を投げかければ、相手はきっと心を開き、動いてくれるでしょう。

まずは「伝え方」から変えてみませんか?

その一歩が、部下との関係を改善するだけでなく、家族や友人との円滑な人間関係にも広がっていくでしょう。

あなたの幸せと成功を心から願っています。

稲場真由美

稲場真由美（いなばまゆみ）

富山県生まれ。株式会社ジェイ・バン代表取締役。
自身が人間関係の悩みに直面したことから、新しいコミュニケーションメソッドを探求し、16年間、のべ12万人から生のデータを集め「性格統計学」として体系化。以来、このメソッドを「一人でも多くの人に伝え、すべての人を笑顔にしたい」との思いで、セミナーや研修、コンサルティングを通して普及活動を行う。2018年には「性格統計学」にもとづくアプリ「伝え方ラボ」を開発。その後、さまざまな企業で導入され、職場の人間関係の改善や営業活動にも活用されている。2020年には、Web 3時間で履歴書に書ける資格が取れる「伝え方コミュニケーション検定講座」のパッケージ化に成功。現在では認定コンサルタントや認定講師の育成も行う。時代のニーズに対応しながら、企業や自治体、学校まで、全国すべての人のコミュニケーション改善に貢献する活動を続けている。

たった一言で
部下が自分から動く
すごい伝え方

2021年9月17日　第1版　第1刷発行
2022年4月21日　　　　　第3刷発行

著　　者　稲場真由美
発 行 所　WAVE出版
〒102-0074 東京都千代田区九段南3-9-12
TEL 03-3261-3713　FAX 03-3261-3823
振替 00100-7-366376
E-mail: info@wave-publishers.co.jp
https://www.wave-publishers.co.jp

印刷・製本　中央精版印刷株式会社

NDC336　239p　19cm　ISBN978-4-86621-368-2